JN095158

地域木造住宅生産の担い手の現状と動向
― 工務店・建材流通店調査から見る地域の実態 ―

令和2年12月

公益財団法人　日本住宅総合センター

本レポートは、平成 30 年度に、国土交通省の提案により、公益財団法人日本住宅総合センターが、株式会社現代計画研究所に委託して行った「大工・工務店による住宅建設における生産の実態把握に関する調査」をもとにして作成したものである。
なお、本レポートの著作権は、公益残団法人 日本住宅総合センターに帰属するものである。

はじめに

　平成 21 年に 100 万戸を割り、78 万戸に減じた新設住宅着工戸数は、その後、緩やかに回復し、ここ 10 年は概ね 90 万戸代で推移してきたが、近年は微減傾向にあり、今後も緩やかに減少してゆくことが予想されている。この中で、新設木造住宅の着工戸数は概ね 50 万戸前後を維持しており、住宅に占める木造比率は 20 年前よりは増え、過去 10 年は 55％前後の横這いとなっている。

　一方、この間に木造住宅建設の担い手である大工は減少の一途をたどり、20 年前の半数になっているとも見られ、今後、高齢化の進んだ大工の引退が進むにつれ、更に大工の減少が進むことが予想される。しかし、大工の新規入職者は限られている。

　このため、人口・世帯の減少による住宅需要の減少以前に、大工の減少による供給の限界に達することもあり得る状況となっている。また、多数のストックが形成されている既存木造住宅の維持保全、性能向上、長寿命化の実施においても、大工の減少は影響を及ぼすと考えられ、現状の維持保全にも支障をきたし、ストックの劣化を加速させることも懸念される。

　こうしたことから、在来木造住宅の半数を供給している中小の大工・工務店の生産性の向上と生産力の維持は重要な課題であり、早急な対策が求められる。

　各地に分散する大工・工務店の実態については、十分に把握されていないのが現状である。そのため、対策の検討に向けた基礎的な状況把握のひとつとして、本調査を企画した。

　我が国の住宅ストック向上に向けた取り組みをされている関係者の方々の参考となれば幸いである。

令和 2 年 12 月

公益財団法人 日本住宅総合センター

調査概要
(1)調査の目的

　　○わが国における住宅供給の約１／３が在来木造戸建住宅であり、その半数（住宅供給全体の１／６）は中小の大工・工務店が供給している。一方、建設業における就業者の高齢化・人手不足は問題化しており、殊に大工職の減少・高齢化、若年大工の減少が顕著となっており、工務店数自体も減少する状況にある。

　　○このため、住宅の供給・維持管理を担える体制確保に向けた検討と早めの取組開始が喫緊の課題となっている。そこで、この検討に先立ち、その基礎となる大工・工務店の生産性の実態把握の調査と課題の抽出を行うことを目的とする。

(2) 調査の方法・対象

1. 既往調査を通じた住宅生産状況の分析

　国勢調査、住宅着工統計、経済センサス等の既往の調査や統計資料、一般社団法人ＪＢＮ・大工育成実態調査（平成 29 年・31 年）、一般財団法人木を活かす建築推進協議会・平成 28 年度工務店実態調査アンケートをもとに以下に着目し、住宅生産状況の分析を行った。

　○地域別の新設木造住宅着工戸数と大工数の推移

　大都市と地方都市など、地域により異なると考えられる住宅生産の状況の概括のため、都道府県・地域別の新設木造住宅の着工戸数と大工数の推移を整理した。

　○大工の立場・就労（雇用）形態・大工の育成

　新規入職者の拡大や雇用の安定の上で必要と考えられる大工の社員化・社会保険料の負担を伴う専属化の取組状況、大工の育成状況等を概括した。

2.事業者及び団体へのヒアリングを通じた動向把握

　工務店団体、地域ビルダー、地域工務店等を含む住宅建設関係者と、地域工務店の状況に通じた一般社団法人全国住宅産業地域活性化協議会（以下、住活協）及び建材流通各社へのヒアリングを行い、以下の点を中心に、各地域の大工・工務店の状況、建材流通の住宅生産支援の動向、大工育成の動向を把握した。

　　　・大工・工務店の業態の変化と動向
　　　・これに対する建材流通の動向
　　　・大工や監督不足への対応の状況～職人バンク・人材情報提供等の取組状況
　　　・監督や大工の育成の動向・手法、新規入職者の拡大に向けた取組の状況
　　　・住宅生産や既存住宅の維持管理の担い手の変化・新たな動き

3.工務店・流通店を対象としたアンケート調査

　ヒアリングを踏まえ、調査対象を住活協事業者会員の工務店等と、これを支える住活協の地域の

会事務局を務める建材流通店を調査対象とすることとし、それぞれに対するアンケート調査を実施した。

○調査A（工務店対象）
　・配布先：住活協事業者会員（地域工務店、地域ビルダー等）
　・内　容：木造住宅生産及び保全（家守）の維持のための担い手の育成動向等
　・回答数：714

○調査B（建材流通店対象）
　・配布先：住活協の地域の会の事務局を務める全国68の建材流通店
　・内　容：工務店への営業・技術支援、人材情報提供、建材流通店での大工雇用・育成や工事
　　　　　　受注等の動向
　・回答数：46/68　（回収率68%）

アンケートの集計・分析に際しては、地域の会は、会のない県があるなど分布に偏りがあり、事業者会員の回答数にも地域によりバラつきがあることから各都道府県の工務店や建材流通店を統計的に代表する標本ではない点に、留意が必要となっている。

4.分析・まとめ
　・1，2，3をもとに住宅生産の現状の概括を行った。
　・現状及び動向を踏まえた今後の課題の抽出、整理を行った。

（3）調査の体制
　本調査は、下記の体制で実施した。

　　　　　　　株式会社現代計画研究所　代表取締役　今井信博
　　　　　　　　　　　　　　　　　　代表取締役　加来照彦
　　　　　　　　　　　　　　　　　　　　　　　　石山瑶子
　　　　　　　　　　　　　　　　　　　　　　　　須藤育代
　　　　　協力
　　　　　一般社団法人全国住宅産業地域活性化協議会

　　　　　指導・助言
　　　　　国土交通省住宅局住宅生産課　木造住宅振興室

　　　　　※役職等は調査時点

目次

はじめに

1. 既往調査等を通じた住宅生産状況の分析
(1)関連する社会動向の分析

1. 関連する社会動向

本調査に関連すると思われる次の項目について分析した（表 1-1-1）。なお、地方分類は本調査におけるアンケート調査の分類方法と同様に行った。

表 1-1-1 分析した項目

項目	分析した資料	図・表
新設木造住宅着工数（戸）	建築着工統計調査：国土交通省	図 1-1-1
世帯数（世帯）	住民基本台帳：総務省	
生産年齢人口（人）	国勢調査：総務省	
生産年齢人口推計（人）	日本の地域別将来推計人口（平成 30（2018）年推計）：国立社会保障・人口問題研究所	
大工数（人）（型枠大工含まず）	国勢調査：総務省	
平均所定内給与額（円/月）	賃金構造基本統計調査：厚生労働省	
世帯年収（千円）	全国消費実態調査：総務省	図 1-1-2
生産年齢人口減少割合（2000 年比）（％）	－	図 1-1-3
大工減少割合（2000 年比）（％）	－	
65 歳以上人口の割合（％）	国勢調査：総務省	
生産年齢人口当たりの新設木造住宅着工数（％）	－	
平成 7 年及び平成 30 年 着工新設住宅に対する木造の割合	建築着工統計調査：国土交通省	表 1-1-2

2. 社会動向の考察
2.1 生産年齢人口減少割合

東北、北海道において若手大工の母集団となる生産年齢人口の減少が深刻である。

生産年齢人口減少割合を見ると、東北の減少が大きく、北海道と北陸・甲信越が東北に続く。一方で減少が緩やかなのは関東、次いで九州・沖縄である。東北、北海道において若手大工の母集団となる生産年齢人口の減少が深刻であると言える。

2.2 生産年齢人口に対する新設木造住宅着工数

1995 年〜2010 年の 15 年間において、北海道、東北、北陸・甲信越で急速な減少があった。

1995 年に生産年齢人口に対する新設木造住宅着工数が多かった北海道、東北、北陸・甲信越において、2010 年までの 15 年間で急速な減少が見られる。2015 年までに東北は 2000 年程度まで大幅に回復しているが、東日本大震災の影響と考えられる。北海道及び北陸・甲信越東北については 2015 年までに緩やかな回復が見られる。1995 年に生産年齢人口に対する新設木造住宅着工数が少なかった中部は微増、近畿は減少後に横這い、中国・四国及び九州・沖縄は緩やかな減少と回復が見られる。関東は増減が見られるが 20 年間を通すと微減と見られる。

2.3 生産年齢人口の減少と大工数の減少

近畿の大工職離れが顕著である。

2000 年比の大工減少割合見ると、どの地方も減少している。近畿が最も減少しており、次いで北海道、中国・四国であり、社会全体での働き手不足（生産年齢人口の減少）と重なる。生産年齢人口の減少割合と大工の減少割合を比較すると、どの地方も大工職の減少が顕著である。特に顕著なのは関東及び近畿であり、近畿は、新設木造住宅着工数の減少が続き、大工離れによる減少が進んでいると思われる。

2.4 平均所定内給与額及び世帯年収

平均所定内給与額、世帯年収共に九州・沖縄が低く、関東が高い。

平均所定内給与額は、東北、九州・沖縄、中国・四国、北海道の順で低く、関東、近畿、中部が高い。世帯年収は、北海道、九州・沖縄が低く、次いで中国・四国、東北、近畿が低く、関東、北陸・甲信越、中部が相対的に高い。

2.5 65 歳以上人口の割合

中国・四国で高齢化が進んでいる。

平均所定内給与額は、東北、九州・沖縄、中国・四国、北海道の順で低く、関東、近畿、中部が高い。世帯年収は、北海道、九州・沖縄が低く、次いで中国・四国、東北、近畿が低く、関東、北陸・甲信越、中部が相対的に高い。

3. 社会動向を総合して推察されること

全体的に世帯年収が減少傾向にあり、生産年齢人口あたりの住宅着工戸数も減少している地方が多い。世帯年収の減少は、世帯構成（世帯主年齢、世帯人数、世帯当たりの無収入の人数等）の変化によるものと推察され、世帯の住宅取得等に関する状況は複合的に変化していると考えられる。

20 年ほど前（1995 年頃）の生産年齢人口当たりの木造住宅着工が多かった地方で急激な減少が見られた原因として、既存ストックが豊富に揃った中でフローからストックへの移行が進んだ可能性が考えられる。そのような地方は、更に仕事の機会が減り、大工職の需要が少なくなるため、人材確保・維持が厳しくなると予想される。特に北海道、東北では、多くの業種で若い働き手の確保が難しくなっていると推察される。東北においては生産年齢人口当たりの木造住宅着工が近年回復傾向にあるが、東日本大震災の復興によるものと推察され、長期的には減少を続けるであろう。

北海道・東北と同様に遠隔の九州・沖縄については、世帯年収は低いが、生産年齢人口当たりの木造住宅着工は、熊本地震の復興など一時的需要を除き、比較的緩やかな減少が見られる。生産年齢人口の減少は、関東、中部についで緩やかであるため、北海道、東北ほどの急速な大工の不足などの生産環境の悪化は生じにくいと思われる。

このように、同じ遠隔の地方同士を比較しても状況の違いが見られ、各地方の事業者の対応の違いが生じると考えられる。

他に注目する地方は近畿であり、大都市圏を有し、新設住宅着工戸数自体は関東に次いで多いが、生産年齢人口に対する木造住宅着工は少なく、木造住宅離れと大工離れが進んでいると見られる。

図 1-1-1 新設木造住宅着工数（戸）、世帯数（世帯）、生産年齢人口（人）、大工数（人）、生産年齢人口推計（人）及び平均所定内給与額（円/月）

図 1-1-2 世帯年収（千円）

図 1-1-3 生産年齢人口減少割合（2000 年比）（%）、65 歳以上人口の割合（2000 年比）（%）、大工減少割合（2000 年比）（%）及び生産年齢人口当たりの新設木造住宅着工数（%）

表 1-1-2 平成 7 年及び平成 30 年 着工新設住宅に対する木造の割合

地方	新設住宅着工数（戸）		新設木造住宅着工数（戸）		木造の割合	
	平成 7 年 （1995 年）	平成 30 年 （2018 年）	平成 7 年 （1995 年）	平成 30 年 （2018 年）	平成 7 年 （1995 年）	平成 30 年 （2018 年）
全体	1,470,330	942,370	666,124	539,394	45.3%	57.2%
北海道	69,091	35,888	45,055	20,946	65.2%	58.4%
東北	101,106	57,922	71,400	44,818	70.6%	77.4%
関東	491,760	368,920	208,864	196,245	42.5%	53.2%
北陸・甲信越	92,887	47,015	58,184	37,068	62.6%	78.8%
中部	161,497	112,253	67,030	70,738	41.5%	63.0%
近畿	280,533	142,289	96,564	69,600	34.4%	48.9%
中国・四国	125,394	66,966	54,736	44,102	43.7%	65.9%
九州・沖縄	148,062	111,117	64,291	55,877	43.4%	50.3%

（2）大工数の現状の分析

1.全国レベルにおける大工数の変化

　2015 年の大工数は減少の一途を辿り、1995 年比で 46%、2000 年比で 55%に減少している（図1）。一方、1995 年比で新築木造住宅着工数（以下、着工数）は 75%（2000 年比 91%）となっており、大工数の減少に比べ減少数は少ない。この 1995 年から 2010 年は、プレカットのシェアが 32%から 87%に急速に拡大した時期で、墨付・刻みの大工仕事が減少し、家づくりに必要な大工数が縮小していったと考えられる。

　また、同期間において、30 歳未満の大工の割合と 60 歳以上の大工の割合の差は 3%から 32%に広がり、若年入職者の減少に伴い、高齢大工が木造住宅生産の大きな支えとなっている。

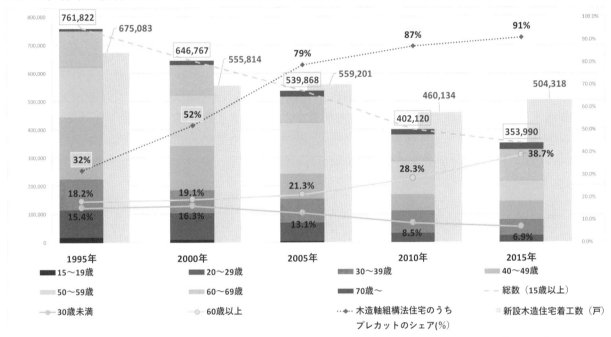

図 1-2-1　5 歳階級の大工年齢構成と新設木造住宅着工数の推移（1995 年〜2015 年）

2. 地域レベルにおける大工数の変化

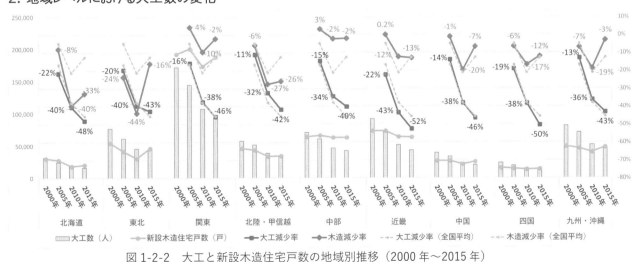

図 1-2-2　大工と新設木造住宅戸数の地域別推移（2000 年〜2015 年）

地域別では、関東の減少率は全国における減少率にぴたり重なり、最大数を占める関東の減少数が全国の減少数に大きく関わっている。大工の2000年比減少率については、どの地域も全国と同様に減少傾向にあるが、北海道-48%、近畿-52%、四国-50%と減少率が大きく、中部が-40%と最も少ない。

大工数と着工数の関係では、関東を除きどの地域も2000年は大工数が着工数を上回っていたが、2005年以降、中部、近畿も着工数が大工数を上回るようになった。

地域別の着工数を減少率で見ると、着工数が多い関東と中部が全国平均値を押し上げ、近畿、中国、四国、九州は全国平均とほぼ同等で、北海道、東北、北陸・甲信越が全国平均より減少率が大きく、全国平均を引き下げる結果となっている。着工数は、2010年に下がるものの、2015年でどの地域も割合ではV字回復の傾向ではあるが、北陸・甲信越、中部、近畿は回復傾向が弱い。

3. 都道府県別の5歳階級年齢別の大工数による考察

2015年の国勢調査では、従来の都道府県別の大工数のみに5歳階級年齢別の大工数のデータが加わった（2017.12）ので、若年者数と高齢者数による分析を試みる。この分析では、実際に現場で作業しているであろう15～69歳の大工を対象として行った。また、各都道府県における大工総数に対する30歳未満或いは60歳以上の大工のいる割合を、それぞれ若年率或いは高齢率とする。

この15～69歳の大工一人当たりの着工数が1.0戸以上となるのは、47都道府県中37と全体の79%にあたる。極値を示す東京・神奈川・沖縄を外れ値として除いた平均値は、1.3戸/人である。（図1）

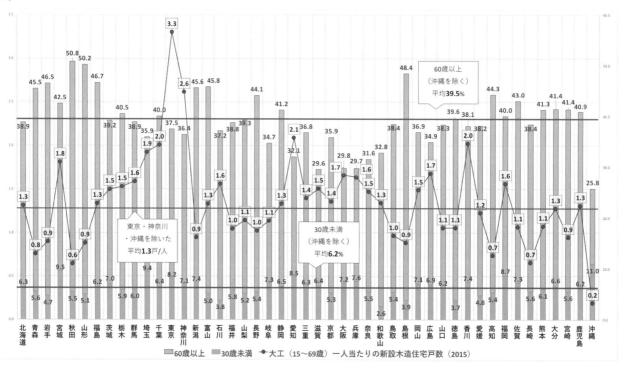

図1-2-3 都道府県別　大工1人当たりの新設木造住宅着工数と若年率・高齢率（2015年）[1]

若年大工を絶対数で見ると、47都道府県中11県では200人未満と極端に少なく、和歌山では70人と最も少なく、極値を示す沖縄を除く46都道府県における若年率の平均値は、6.2%である。

---

[1] 平成27年国勢調査：総務省統計局、建築着工統計調査：国土交通省

若年率は首都圏をはじめ大都市圏で高くなっており特に、宮城・埼玉では10%近くなっている。

全国的にみると、例外的な数値は見られるものの、若年率の高い都道府県は、大工1人当り着工数も多く、高齢率が高い都道府県は、着工数も少ない傾向となっている。逆から言えば、大工1人当り着工数が多い、すなわち大工仕事がある都道府県は、若年層の入職機会が多く若年率が高くなり、高齢率が低い傾向にあると推測できる。

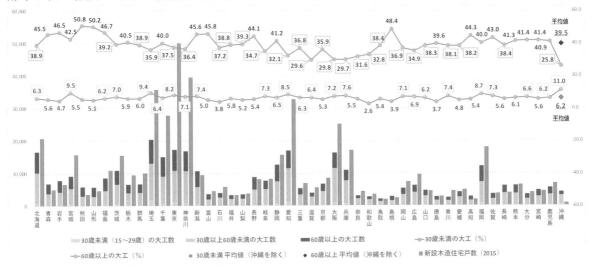

図 1-2-4 都道府県別　新設木造住宅着工数と大工の年齢構成（2015年）[2]

4. 大工一人当りの新設木造住宅戸数と分譲住宅の関係

各都道府県における「大工一人当りの新設木造住宅着工数」と「新設木造住宅に対する分譲住宅の割合」は、富山・三重・滋賀・香川・沖縄を除き相関関係が見られる（図1）。

東京を中心とした首都圏、愛知、大阪を中心とした近畿圏において大工一人当りの着工数が伸びているのは、分譲住宅の割合が高いことが一因と考えられ、分譲住宅が30%を超える10都府県の平均着工数は2.0戸/人で、分譲住宅が10%に満たない6県の平均は1.0戸/人である。

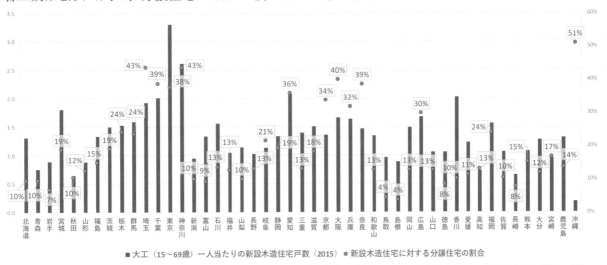

図 1-2-5 大工一人当りの新設木造住宅着工数と分譲住宅の割合（2015年）[3]

2, 3　平成27年国勢調査、建築着工統計調査：国土交通省

5. 都道府県別5年毎の大工数の推移と15年間の減少割合

　東京・大阪を除く大都市部では総じて、2000年に対する2015年の大工数の減少率が少ない（図1）。大阪は大工の減少率が最も大きく、58%減少している。次いで、東京は56%減少している。大工の減少率が小さいのは、宮城・茨城・栃木・群馬・福井・長野・岐阜・静岡・滋賀・佐賀・長崎の11県で、平均36%減少している。減少率が大きいのは、青森・東京・大阪・兵庫・鳥取・島根・徳島・愛媛・沖縄の9都府県で、平均54%減少している。2000年からの減少率を見ると、ほとんどの県で減少率は少なくなっているが、増加に転じた県が岩手・宮城・佐賀の3県ある。反対に、減少が止まらなかった県が京都・和歌山・島根・香川・大分の5府県ある。

　秋田・山形は高齢率が50%を超え且つ若年率も低く、島根は減少傾向が止まらず、低い若年率且つ高い高齢率を示している。現状では、住宅生産やリフォームを高齢大工が支えていると考えられるが、若年率が低いため、これらの高齢大工がリタイアすると深刻な大工不足が懸念される。

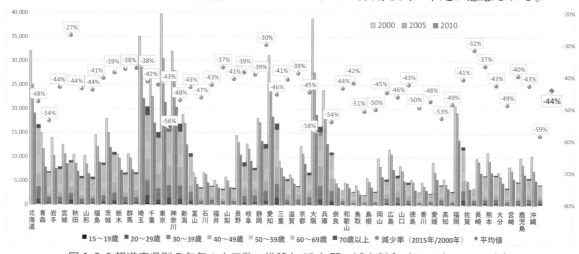

図1-2-6 都道府県別5年毎の大工数の推移と15年間の減少割合（2000年〜2015年）[4]

6. 大工一人当りの新設木造住宅戸数と住宅工事の分業化と材工化

　首都圏、愛知、近畿圏等において大工一人当りの着工数が大きく伸びている別の要因として、分業化と材工化の進展が考えられる。

　これらの分業化や材工化の環境が整った地域では、大工数が少なくても一人当りの新設木造住宅戸数を増やすことが可能で、ある意味、大工の手間を別の職人が代行しており、これも大工の一形態と取るか、大工の多能工化と取ることもできよう。

　例として、元々は、住宅の足場を請負う専門工事業であった「東京BK足場」は、足場から建て方までを一貫して行う「TB上棟システム」を行っている。また、クレーン業者であった「直建」は、主に木造の建て方（フレーマー工事）と揚重クレーンをセットで請負うなど、従来、木工事の一つとして大工が行っていた建て方を専門で行う工事業が増えている。

　またこの傾向は、外壁のサイディング工事で進んでおり、外壁メーカーである「ニチハ」は、材工で外壁工事を請負う子会社「外装テックアメニティ」を持っているだけでなく、「ニチハ保証システム登録工事店」「ニチハ外装材リフォーム登録工事店」「ニチハ金属外装工事店」を全国に組織してい

---

4 平成12〜27年国勢調査

る。他にも、日本窯業外装材協会がNYGサイディング施工士を認定し、全国的の施工士を持つ会社を「NYG施工会員会社」を全国的に組織している。また、建材店から多角的に展開した「兼求」は、サイディング工事部門を持っている。サイディング工事は、防水紙の施工から通気胴縁の取付、水切り金物の取付、サイディング施工、シーリングまでを一貫して行うものとなっており、破風や軒天までを含めた工事や屋根工事部門を持ち外装全体を材工共で請負う方向が出て来ている。

断熱材の充填や外張りについても、元来、大工技能者が行って来たが、吹込用グラスウール断熱材や吹込用セルロースファイバー断熱材、吹付け硬質ウレタンフォーム断熱材等の工事は責任施工となっており材工で行われ、省エネ講習会のアンケートでもこの比率が伸びて来ている。

7. 都道府県別の状況

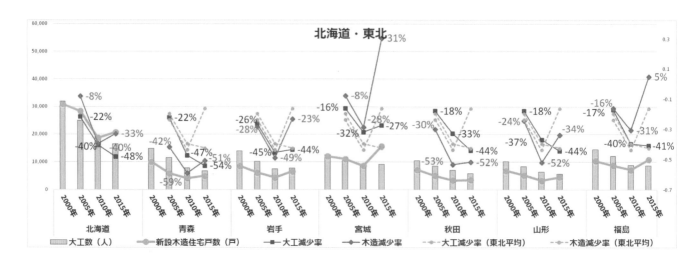

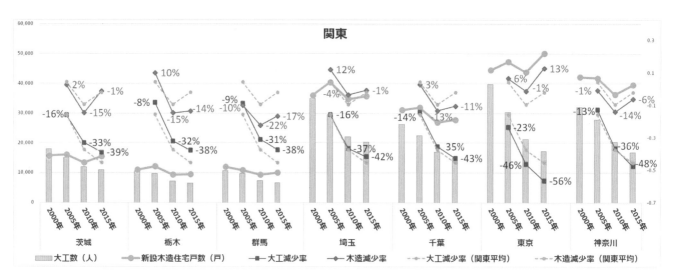

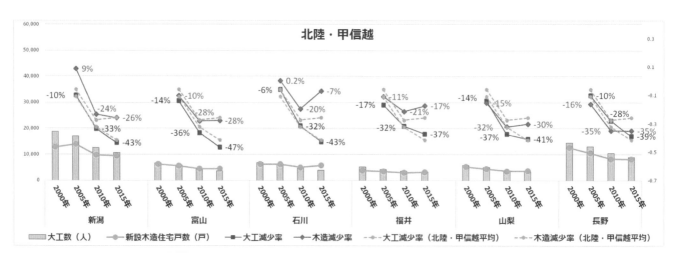

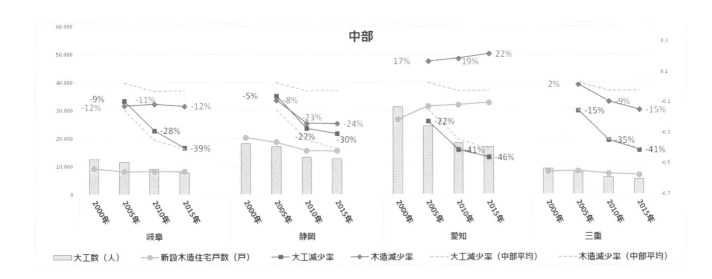

中部

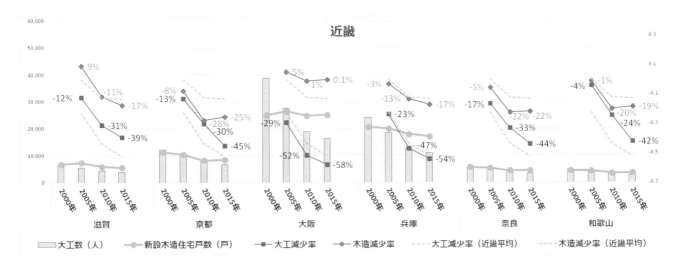

近畿

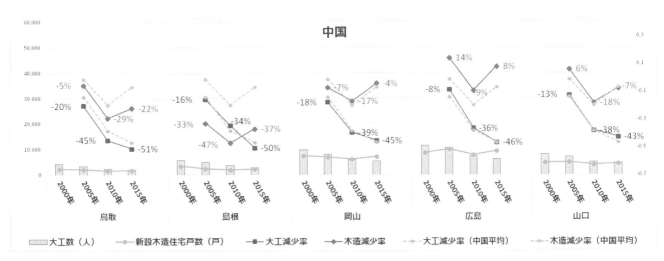

中国

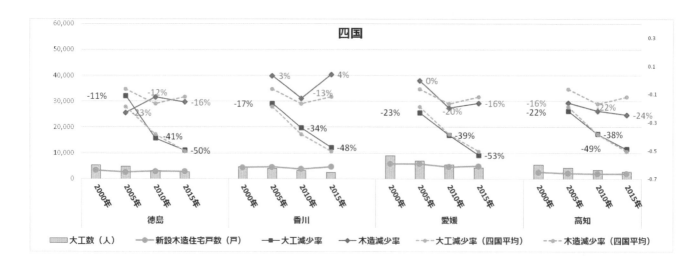

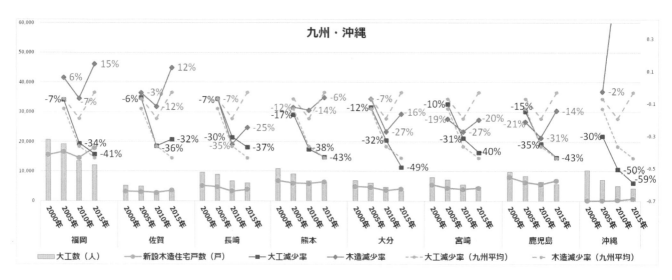

（3）JBN・大工育成実態調査を用いた分析

1. 分析の概要

　一般社団法人 JBN が平成 29 年及び平成 31 年に工務店会員を対象に実施した「JBN・大工育成実態調査」のアンケート調査結果を用いて、本調査に関する部分について分析を行った。

2. 分析したアンケート調査の概要

①平成 29 年に実施されたアンケート調査の概要

　調査対象：一般社団法人 JBN の工務店会員

　調査期間：平成 29 年 5 月

　調査方法：FAX による配布及び回収

　調査内容：回答者及び工務店の基礎情報（大工職人の状況を含む）、労働環境、賃金、採用・雇用、
　　　　　　技能者育成と技術的な問題

　回収件数：383 件

②平成 31 年に実施されたアンケート調査の概要

　調査対象：一般社団法人 JBN の工務店会員

　調査期間：平成 31 年 1 月～2 月

　調査方法：FAX による配布及び回収

　調査内容：回答者及び工務店の基礎情報、大工の状況、社員大工の労働環境、
　　　　　　社員大工の給与、採用・雇用、大工育成の今後の意向

　回収件数：404 件

3. 分析結果 ※複数回答の設問における百分率(%)は、複数回答件数の合計に対する割合を示す。

　回答者の平均新築住宅棟数は、平成 29 年は 11.3 棟、平成 31 年は 10.6 棟であった。大工の状況について、社員大工、専属・常雇・常用大工、その他の大工の人数の割合は平成 29 年から平成 31 年にかけて大きな変化は無い。しかし、社員大工のうち季節雇用している社員大工の人数は、社員大工の人数に対して 2.2%（16 人）であったが、5.4%（40 人）に増加している。社員大工の年齢構成は、若干の高齢化傾向が見られる。平成 29 年調査において社員大工を雇用していない旨を回答した回答者のうち約 3 分の 1 は、大工社員化を検討する旨の回答をしたが、社員大工を雇用している旨の回答は、平成 29 年調査、平成 31 年調査ともに回答件数の約半数であり、割合としては変化が見られない。

　社員大工を雇用していない理由（雇用していない回答者対象・複数回答）は、平成 29 年調査、平成 31 年調査ともに「仕事が途切れた時困るから」が最も多く、約 3 分の 1 を占めている。「労働基準法等の労務管理が大変」を選択した回答は、12.3%（43 件）から 6.1%（21 件）に減少した。「雇用したいが応募がないから」を選択した回答は、9.4%（33 件）から 13.6%（47 件）に増加した。

社員大工の労働環境について、各規則・制度の有無を問う設問に対し「有」の回答の割合が増加しており、就業規則（79.9%→85.4%）、残業規則（68.7%→74.5%）、有給休暇制度（59.6%→69.6%）、退職金制度（72.4%→66.3%）と変化した。

　社員大工の平均年収（年間総支給額）は、どの年代も増加しており、最も増加しているのは50代（4,129千円→4,690千円，561千円増）である。

　若手大工育成の必要性は、平成29年調査、平成31年調査いずれも約9割が「とても必要」もしくは「必要」と回答している。育成の障壁としては（育成を必要としている回答者対象・複数回答）、平成29年調査、平成31年調査いずれも「若手の採用希望者がいない」が最も多く、28.1%（219件）であった回答が34.0%（236件）に増加した。次いで「時間とお金がかかる」、「社内に育成システムが無い」をほぼ同数が回答している。若手大工の育成について「必要ない」と回答した理由（育成を必要としない回答者対象・複数回答）は、平成29年調査、平成31年調査いずれも「外注大工でカバーできるから」が最も多く、55.6%（10件）であった回答が65.7%（23件）に増加した。

　望ましい大工育成方法（複数回答）は、平成29年調査と平成31年調査で選択肢が異なるため一概に比較はできない。平成29年調査では「職業訓練校などの外部機関を利用して育成する」が最も多く42.3%（162件）、次いで「基本的な技術は共同育成し、自社で独自の技術を職場（OJT）で育成する」が34.5%（132件）であった。平成31年調査では、「職場内（OJT）で育成」が最も多く32.4%（195件）、次いで「職業訓練校などの外部機関を利用して育成する」が28.9%（174件）、「基本的な技術は共同育成し（OFF-JT）、自社で独自の技術を職場内（OJT）で育成する」が19.3%（116件）であった。平成31年調査における「職場内（OJT）で育成」に近い平成29年調査の選択肢は、「すべてを職場内（OJT）で育成する」があり、15.1%（58件）であった。大工育成事業があった場合に参加するかどうかを問う設問（育成を必要としている回答者対象・複数回答）に対して、参加したい旨の回答は、10.8%（47件）から32.8%（124件）に増加した。内容、メリット、開催時期により参加したい旨の回答は、平成29年調査では59.1%（257件）から平成31年調査では52.9%（200件）に減少した。参加しない旨の回答は、平成29年調査では4.1%（18件）、平成31年調査では4.2%（17件）と横ばいであった。

　今後「社員」として大工を雇用・育成するかどうかを問う設問の回答を平成29年調査と平成31年調査で比較すると、「社員として雇用・育成する」は57.2%（215件）から61.0%（239件）に増加し、「社員として雇用・育成しない」は10.9%（41件）から12.0%（47件）に増加し、「わからない」が31.9%（120件）から27.0%（106件）に減少した。

　社員大工に限らない工務店の職員の採用・雇用状況は、平成29年調査と平成31年調査で大きな変化は見られない。過去3年間において4割程度が新卒採用をしており、新卒採用者の最終学歴は、「高校卒」が最も多く、次いで「大学卒」、「各種専門学校卒」である。また、55%程度が中途採用をしており、中途採用者の年代は、「30代」が最も多く、次いで「20代」、「40代」である。採用するために活用した媒体は、平成29年調査では「ハローワークからの紹介」最も多く、次いで「知人からの紹介」であったが、平成31年調査では逆転した。また、「学校からの紹介」が14.6%（61件）から19.3%（98件）に増加した。

4. 分析結果より推察されること

アンケート調査結果を見る限りでは、工務店の各規則・制度がこの2年で少しずつであるが整備されてきている。「労働基準法等の労務管理が大変」という理由から大工社員化をしない工務店が減少しているのは、2年前よりも各規則・制度の整備がされてきていることも起因していると推察される。

2年前よりも各規則・制度が整備されつつ、社員大工の平均年収（年間総支給額）が増加している傾向がある一方で、大工の社員化が進まない理由として、応募や希望者がいないことを挙げる回答が多く、この理由の回答割合は増加している。

大工を社員として雇用・育成する旨の回答割合としない旨の回答割合は、ともに増加傾向にあるものの、増加幅で見ると雇用・育成する旨の回答の方が増加したと考えられる。その一方で、外注大工でカバーして社員化を行わない意向も増えつつあることも注視する必要がある。また、大工を雇用しない理由として、「仕事が途切れた時困るから」を挙げている回答が多いことと、季節雇用の社員大工が増加傾向にあることは、受注の安定しない状況への不安に対する対応の現れととらえることが出来よう。

望ましい育成方法については、選択肢の表現が異なるため2年の調査を比較し難いが、平成31年調査を見ると、職場内での育成と外部機関を利用した育成はそれぞれ同程度の回答があり、育成事業への参加意向が8割程度あることより、社外での育成機会も必要とされていると考えられる。

なお、JBNの工務店会員は地域において比較的力のある工務店が多いと考えられ、そのうち、アンケート調査に協力する工務店はさらに意識の高い工務店であると予想される。全国の工務店全体を代表するものではない点には留意した方が良いと思われる。

（4）平成 28 年度 住宅市場整備推進事業 工務店実態調査アンケート
（一般財団法人　木を活かす建築推進協議会）を用いた分析

1. 分析の概要

　一般財団法人　木を活かす建築推進協議会が平成 28 年度に木造技能者育成検討委員会の参画団体の加盟事業者を対象に実施した「工務店実態調査アンケート」の調査結果を用いて、本調査に関する部分について分析を行った。

2. 分析したアンケート調査の概要

　　調査対象：木造技能者育成検討委員会の参画する次の 6 団体の加盟事業者のうち、年間施工実績
　　　　　　　50 棟未満の事業者
　　　　　　　・（一社）日本木造住宅産業協会
　　　　　　　・全国建設労働組合総連合
　　　　　　　・（一社）全国住宅産業地域活性化協議会
　　　　　　　・（一社）JBN
　　　　　　　・（一社）ツーバイフォー建築協会
　　　　　　　・（一社）全国中小建築工事業連合会
　　調査期間：平成 28 年 12 月～平成 29 年 3 月
　　調査方法：　E-mail、FAX、郵送による配布及び回収
　　調査内容：工務店の概要、経営者属性、業務内容、事業実績・規模等、直近 3 年間の住宅供給及び
　　　　　　　リフォーム工事等の実績、元請けとして受注している平均的な戸建て住宅、業務体制、
　　　　　　　社員の採用・育成等、経営状況・施策への取り組み状況
　　回収件数：2,778 件

3. 分析結果 ※新築住宅元請戸数別及び地域別の分析は、一人親方を除いたクロス集計によるものである。

　全国建設労働者総連合の加盟事業者からの回答が 76.8％を占め、一人親方の割合が全体の 27.8％を占めている。そのため、一人親方と一人親方以外に分けた集計もしており、各クロス集計は一人親方以外のみを対象としている。回答者の所在地は、都道府県別に見ると埼玉県（8.2）が最も多く、次いで兵庫県（6.1）、岡山県（5.9）、東京都（5.6）であり、地域別に見ると中国が最も多く 16.8％、次いで東北が 14.3％、最も少ないのが北海道で 1.6％である。

　社会保険料の事業主負担をしている社員（以下、社員）数は、1 名が最も多く 38.2％、次いで 2～5 名が 36.8％である。一人親方を除くと 1 名が 28.7％及び 2～5 名が 41.9％であり、地域別に見ると、北海道（59.5）、九州・沖縄（46.1）、東海（43.5）の順に社員が 6 名以上の工務店の割合が高い。新築住宅元請戸数で見ると、戸数が多い工務店ほど社員数が多くなる傾向がある。
　経営者の年齢は 60～64 歳、65～69 歳が多く、60 歳代が全体の 4 割強を占め、一人親方を除いても 4 割を占める。地域別では東北地方において 60 歳以上の割合が目立って高く（64.0）、東海で目立って低い（36.2）。

工務店経営者の出身は、親または親族からの継承（44.5%）、大工・工務店の親方からの独立（40.6%）が多い。

　後継者は31.5%が決まっており、一方、32.0%が現在の代表者の代で事業を終了すると回答している。一人親方を除くと39.2%が決まっており、18.9%が事業の終了を回答しており、一人親方に後継者がおらず現在の代で事業を終了する回答が比較的多いことがわかる。地域別に見ると、北海道、四国、九州において後継者が決まっている割合が高い。現在の代表者の代で事業を終了する割合が高いのは関東（22.3%）であり、低いのは甲信越北陸（10.9%）である。

　戸建元請売上高/年は、3千万円未満が最も多く、29.8%を占める。次いで3千万〜6千万未満（23.7%）であり、年間戸建元請戸数は1〜4棟が66.9%を占める。一人親方を除くと、3千万円未満の割合が25.1%、3千万〜6千万未満が23.4%であり、3千万円未満の回答に一人親方が多かったことが分かる。地域別に見ると、北海道で戸建元請売上高の高い工務店の割合が高く、約7割が1億円以上であり、戸建元請戸数も約7割が5戸以上で、特に10〜19戸が多い。一方、1億円未満の割合が高いのは中国で、1〜4戸が他の地方と比較して最も高く8割を占める。

　下請け新築工事高、元請けリフォーム工事高及び下請けリフォーム工事高は、3千万円未満/年が多い。

　元請けで受注する標準的な戸建て住宅の刻みの種類は手刻みが18.6%、プレカットが81.4%であり、一人親方を除くと、手刻みが17.0%、プレカットが83.0%であり、一人親方による手刻みの割合が若干高いことが分かる。地域別に見ると、手刻みの割合が比較的高いのは、北海道（32.0%）、中国（23.9%）、四国（22.4%）、東北（21.5%）で、低いのは、関東（11.0%）、東海（11.8%）、九州・沖縄（12.5%）である。新築住宅元請戸数で見ると、戸数が多いほどプレカット率が高くなり、10戸を境に急に高くなる。

　専属大工との提携は65.4%がしており、1社あたりの人数は2〜5名が多い。一人親方を除くと88.6%が提携しており、人数は2〜5名が多い。新築住宅元請戸数で見ると、戸数が多いほど専属大工の人数が増加する。

　専属大工のうち、社会保険料の事業主負担をしている大工を同調査では「社員大工」と定義しており、36.0%が社員大工を抱えており、1社あたりの人数は2〜5名、1名の順で多い。一人親方を除くと46.0%が社員大工を抱えており、やはり2〜5名が多い。社員大工及び専属大工を抱える一人親方は少ないことが分かる。地域別に見ると、北海道における社員大工を抱えている割合が高く62.2%、次いで甲信越・北陸（57.8%）、東北（50.0%）である。一方、近畿は33.7%のみで割合が低い。新築住宅元請戸数で見ると、戸数が多いほど社員大工を抱える割合が減り、20〜49戸数では、20%のみである。

　社員大工の育成方法は、「親方や先輩につけて教える」が最も多く73.3%、次いで「職業訓練校に入校させる」が24.2%であった。地域別に見ると東北において「職業訓練校に入校させる」が他の地方よりも高く、近畿、四国において低い。

工務店が過去5年間に採用した社員の職種は「営業職」、「設計職」、「現場管理者」、「社員大工」、「一般事務」、「その他」のうち「社員大工」の割合が最も高い。地方別に見ると、東北地方での「社員大工」の割合が他の地方と比較して最も高く、次いで中国地方であり、最も低かったのは近畿地方であった。ハローワーク及び知人の紹介による採用が多い。

社員大工及び外注大工の平均的な賃金をまとめており、北海道、東北地方、四国、九州では賃金が低く、関東地方、東海では賃金の高い傾向が出ている。

地方別に雇用関係書類の整備状況をまとめており、北海道は比較的整備されており、関東地方及び近畿地方では比較的整備されてない結果が出ている。

4. 分析結果より推察されること

全国建設労働者総連合の加盟事業者からの回答が多いことに伴い、一人親方の回答も多くなったと考えられる。一人親方は、全体平均よりも小規模な事業展開をしており、社員大工や専属大工を抱える割合も低く、現在の代で事業を終了する割合も比較的高いことがわかる。

一人親方を除くと9割弱が専属大工を抱えており、半数弱が社会保険料を負担した専属大工（社員大工）を抱えている。

地域別に見ると特に北海道が様々な面で特徴的であるが、他の地域よりも回答数が少ない点は注意しなくてはならない。北海道の工務店は、社員数が多い工務店、社員大工を抱えている工務店の割合が高く、年間戸建て元請け売上高が1億円以上、年間戸建て元請け戸数も5戸以上の工務店が7割を占めており、他の地方よりも規模の大きい工務店からの回答割合が高かったと考えられる。また、社員大工を抱えている工務店の割合も高く、雇用関係書類も比較的整備されている。社員大工及び外注大工の平均的な賃金は比較的低いが、地方別の1ヶ月の平均所定内給与額（賃金構造基本統計調査による）と比較すると同じ傾向が認められるため、大工に限った傾向ではないと考えられる。

2. 事業者へのヒアリング調査を通じた動向把握
(1)調査の概要

1. 調査目的
　本ヒアリング調査は、大工・工務店による住宅建設における生産の実態に関する全国及び地域の動向を把握すること並びに、アンケート調査の設問内容を絞り込むことを目的として実施した。

2. 調査の方法
　各地域の大工・工務店及び住宅建設の動向に通じた建材流通事業者と地域の木造住宅の住宅建設事業を担う地域ビルダー及び地域工務店経営者を対象として実施した。
　前者については建材流通事業者の団体である一般社団法人全国住宅産業地域活性化協議会（以下、住活協）と国土交通省住宅局木造住宅振興室の意見交換会の場でのグループヒアリングと各事業者への個別ヒアリングにより実施し、後者については個別ヒアリングの形式で行った。

　①一般社団法人全国住宅産業地域活性化協議会との意見交換会を通じたヒアリング
　　ヒアリング協力：会長　　　　　熊川三興（株式会社 滋賀原木）滋賀
　　　　　　　　　　理事　　　　　松下 誠（株式会社 三和）山口
　　　　　　　　　　監事　　　　　加藤秀司（株式会社 サンコー）愛知
　　　　　　　　　　正会員事務局　箕輪 守（伊藤建材 株式会社）神奈川
　　　　　　　　　　正会員事務局　高橋一博（株式会社 北洲）岩手・宮城

　②各事業者への個別ヒアリング
　　ヒアリング協力
　　・建材流通　5社（北海道、東北、甲信越、東海、山陽エリア、各1社）
　　・住宅建設　6社（地域ビルダー2社、中規模工務店2社、小規模工務店1社）

（2）ヒアリングにおける主な指摘

1. 住活協ヒアリング要旨（2018年10月24日：調査事業についての意見交換時）

　　調査対象・調査方法・調査項目の検討のため、住活協と国土交通相住宅局住宅生産課木造住宅振興室の意見交換会に合わせ、各地域の工務店と建材流通店の状況、大工・職人の育成状況、工務店と建材流通店の今後の役割り等についてヒアリングを行った。

①工務店の状況について
- 工務店の定義を明確にした方が良い。工務店の業務は、営業、設計、工務、総務、経理などがあり、JBN会員となるような規模の工務店は一通りの業務を担っていると思われるが、その他の工務店はすべての業務を担うことは難しいため、建材流通会社が部分的もしくは全体的にサポートしている。現在でも一人で全てをこなしている一人親方はいるかもしれない。
- 住活協では、住宅瑕疵担保責任保険の取次ぎ業務行っている。2009年10月1日引き渡しから保険が義務となり、来年10月1日で初めて10年の満期を迎える。あるエリアでは、213社の工務店が建てた1058棟が満期を迎える。しかし、そのうち35社が実態として家守りが出来ない状況にあり、その対象物件は44棟である。10年満期を迎えたことを知らない施主が出てきてしまう。10年前には義務化を意識して積極的に取り組んでいた工務店でも衰退している。
- 衰退の原因としては、以前よりも住宅設計の技術レベルが上がってきており（構造計算、温熱計算等）、そのレベルに付いていけない工務店は仕事が取れずに弱まっていくように感じる。すぐに倒産・廃業はしないが、いずれ閉めるものと思われる。10年で家守りの工務店が無くなる状況が増えている。家守りの工務店が無くなった場合、施主はメンテナンスを大型家電量販店やリフォーム会社等に頼む流れが予想されるが、例えばエアコン工事を例にとっても、その住宅の断熱仕様をわからずにスリーブの穴を開けて断熱性能を低下させてしてしまうことも考えられる。そのようなことが起こらないために、保険契約時の設計図書を持っている建材流通店が積極的にメンテナンスに関わっていく必要があると思っている。

②建材流通会社の形態について
- 建材流通会社の売り上げは、物販が多く占めているが、工事・材工によるものもある。首都圏の木材流通系建材業では、材木建材流通が弱くなり、マンションやアパートの不動産に頼ったり、リフォームを元請けで受けたりしている会社もある。
- 建材は、メーカー→商社→地方問屋→販売店→小売店→工務店と流通する形が基本だったが、地方問屋の立場の建材流通会社から工務店に直接取引することもある。また、小売店が工務店化する事例もある。地域や建材流通会社によって異なるが、現在の基本形は崩れてきている。
- 東海エリアの建材流通会社の事例では、口座としては1000社程度との取引があるが、実際に稼働しているのは300社程度。取引相手は、新築が年間3〜5棟規模であっても、ほとんどの建材を購入してくれる工務店から、年間50〜100棟と大規模でも一部建材のみの購入のビルダーまで様々である。一人の営業職が6社程度を担当している。工事・材工については、売り上

げの3分の1程度が工事を伴うものであり、そのうち部分工事（サッシ、サイディング）が3分の2程度である（全体の9分の2）。また、全体の売り上げ200億円のうち25億円程度が一棟を下請けした売り上げである。今後は工事を伴う売り上げが伸びていくであろう。

・山陽エリアの建材流通会社の事例では、1000社程度との取引があり、売り上げ70億円の内、60億円が物販、10億円が工事・材工（建て方から行うものや、内装の木工事など）である。

・東北エリアの建材流通会社の事例では、500社程度の口座取引があり、商品群で分類している。同列会社は親会社-子会社の紐づけをして管理している。工務店の数自体に変化は無いが、工務店の元請けや仕事量は減少している。仕事が無い工務店は仕事のある工務店の下請けをしている。しかし、大手やビルダーの仕事量は減っていない印象を受ける。

・大都市と地方のみならず、地方の中でも人口の少ないエリアはまた違う流通・生産の状況が見られる（例：岩手など）。

③工務店の分類について

　　山陽地域の建材流通会社による分類の事例

　　・広域ビルダー：大手

　　・地域ビルダー：新築30棟以上

　　・地元ビルダー：新築30棟未満

　　・増改築専業：増改築を中心に行っている工務店

　　・リフォーム工務店：新築1〜2棟/年、リフォーム50%以上の工務店

　　・建具店

　　・販売工事店

　　広域ビルダー、地域ビルダー、地元ビルダーは工務店として一通りの業務を自社で行う。地域により多少の差はありそうだが、地方における工務店の分類はこのようなものでは。

④他業種の工務店化について

・設計事務所が工務店になる事例も増えてきている。計算やデザインに強く、施主に直接提案ができるため営業力がある。施工は外注しており、建材流通店が工事・監督を行うこともある。

・施主の需要も、住めれば良いという感覚とは変わってきており、デザインや構造・温熱の性能を求めるようになってきている。

⑤工務店への人材（大工・職人）情報の提供について

・工務店同士で大工の取り合いになることもあり、工務店から建材流通会社に大工紹介を依頼される。

・建材流通会社も営業の一環として、自社の建材を仕入れてもらうことを前提に紹介しており、昔から行ってきている。建材流通会社は地域の大工の繁忙状況・大工の配置などを常に把握している。

⑥建材流通店による材工サービス及び大工・職人育成の状況について
- 事例１：一棟丸受けをするものから、建て方、マンションの内装木工事（ゼネコンから受注）、配管等の細かいものまである。社員大工を抱えている。大工社員化は、赤字で、引き抜きも心配だが、将来を見据えて育成している。
- 事例２：工務店部門を設立している。そこでは業務としては、基礎以外の一棟、木工事のみ等がある。大工は外注しているが、社会保険を適用している。
- 事例３：社員大工と専属大工によって工事業務を行っている。大工の社員化の取り組みを評価してくれる専属大工もおり、そのような専属大工は社員大工に積極的に教育してくれる。

⑦新規入職者の確保について
- 地方自治体や国による大工仕事の魅力のPRを希望したい。林業では、映画によるPRや新規入職者募集の広告を出している。
- 建材流通店では既に子供向け木工教室を開催しており好評である。昨今のDIYの流行など、ものづくりへの興味はあるはずなのだが、「大工＝格好良い」とはならない印象を受ける。入職時に道具を自前で準備する負担が大きいことも原因のひとつかもしれない。また、自身が大工や工務店であっても子供に引き継がせたくない親もいる。高校から大工などの新規入職者を取ると、良い印象を持ってもらえてその後も入職者を確保できることがある。その卒業生によると高校の建築科の生徒たちは、大工よりも監督を目指す生徒が多いようだ。

⑧大工育成の省力化及び生産性向上について
- ある工務店は、建材メーカーが公開している建具等の施工方法の動画を活用しているとのことだ。技術的な指導・育成では、動画活用も有効と考えられる。ただし、それぞれの建材同士の取り合いについての動画は無い。施工マニュアル動画を作ることで省力化につながるのではないか。
- ある建材流通店では生産の省力化のため、木材だけでなくサイディング等のプレカットも提供している。小規模工務店のサポートを本来の目的としていたが、ビルダーの利用が目立つ。

⑨働き方改革との兼ね合いについて
- 工期を守ることと、働き方改革を進めることに対して、現場での対応が悩ましい。しかし、対応していかなくてはならない。

⑩監督の動向について
- フリーランスの監督が増えている。また、定年した65歳以上の大工がアルバイトのような扱いで現場に入ることもある。

⑪今後の建材流通会社と工務店の役割
- 様々なサポートをしている中で、建材流通会社が工務店に代われるくらいの立場になってくるのではないか。一通りのことができない工務店は契約業務のみとなる可能性がある。

2. 建材流通事業者の個別ヒアリングにおける主な指摘

調査項目の検討のため、北海道、東北、甲信越、東海、山陽の中核的な建材流通事業者に取引先の概要、取引先工務店の体制、大工・工務店の状況や動向、社員化や大工育成の動向、工務店向けの職人の紹介や材工のサービス提供の状況、今後の展開を中心にヒアリングを行った。

①取引先の概要
- 安定的に取引があるのは500〜1000社、その内の2割の取引先との売り上げが全体の80〜90%を占めるという構造。
- 取引先にはビルダーも含まれるが、多くは社員が10人以下の工務店。
- 地方では年間5棟以下を小工務店、5〜20棟を大工務店、20棟以上を地場ビルダー（隣接県エリアで営業）という分類ができるのでは。政令指定都市を含むエリアでも30〜40棟以上がビルダーで50棟を越えるのは数社
- 地場ビルダーは、用地取得も手掛け、宅地も一体に扱う全国ビルダーのミニ版の動き。
- 地域的な違いはあり、北海道を見ると住宅建設に占めるビルダーの比率は低く、中小工務店比率が高い。戸建木造の全道の7割、道央エリアの8割は工務店が建設。工法的には在来木造の比率が高い。財務的にはビルダーより工務店の方が健全な傾向がある。但し、道民の所得環境は帯広市周辺を除き、比較的に低く施工店の収益率は低い。
- 取引先の分類の仕方としては　a)元請新築　注文/分譲　年間棟数別、b)元請リフォーム　年間受注額、c)下請け中心　年間受注額　となるのでは。
- 大きなビルダーは新築中心で、アフターでリフォーム事業を行う。
- ホームセンター、家電量販店は、下請けの工務店を用いてリフォーム事業を行う。
- 工務店と言えるのは、元請で新築注文住宅ないしリフォームを受注している事業者。但し、一人親方でも元請受注すれば工務店と言える。分譲中心と下請け中心は、工務店とは分けた方が良い。
- 小規模な工務店はリフォーム比率が高い。

②取引先工務店の体制
- 体制的には社員5〜10人程度が多く、5人程度であれば、社長、経理、現場監督3人、設計兼営業1人、設計は営業的役割。家族経営的なところから会社組織まで様々。
- 北海道エリアの建材流通店の例では年間100棟クラスもいるが、年間10〜12棟、売上3億未満が8割。冬期（12月〜4月）の工事を避けるために工期は短く30坪45日。工法的には在来木造が中心で、道央の65%、札幌の50%が在来木造となっている。北海道で多いと見られる2×4は、十勝、苫小牧、千歳で多いが1/3程度に留まる。

③大工・工務店の状況
- 工務店が急速に減少しているのは、地方に限らず、都市部においても同様。
- 住宅生産の方向が量の供給から質の向上へと変わり、新しい仕様や性能向上への対応が大工・工務店には難しくなってきている。説明会等に参加者しているのは大工・工務店の一部に過ぎず、

説明会の内容も（高度で）理解しにくくなっている。
- 大工不足（減少、新規入職者が少ない）の問題は大きい。
- 今現在では、一人親方は高齢化で引退するか、大手の下請けに入るかのいずれかとなっている。下請けは条件が悪いため後継者はなく、一人親方は自然に無くなる傾向にある。
- 北海道は歴史の浅い建設王国という面があり、職人も組織に属さず、一人親方も一人で法人化するなどで増えていたが、その後は右肩下がりで、20年前と大工の請負単価は変わらず、後継者が入らなくなった。北海道の住宅着工戸数のピークは昭和48年。
- 地域に優良企業が立地するような経済環境でも、地域の工務店は新築を受注できず、ビルダーが取って行くが、大工職人の不足からビルダーでも年100棟が生産の限界など、（生産体制に起因する）供給力不足が生じている。
- どこの地域の建材流通店も、いわば工務店のサポートセンターとなっている。取引先の工務店に経営の指導・助言を行い、書面による契約などを勧めている例もある。
- 年間新築戸数が1～2戸の工務店は、下請けやリフォーム中心が多く、技術力は低く、価格以外に一般消費者に良い点はない。
- リフォームメインの工務店やリフォーム専業業者の中には、適確な住宅の知識や修理・修繕の技術・技能を持たず、法規や基準を蔑ろにし、リフォーム材料メーカーのカタログ等で得た表面的知識で顧客対応を行っている例も見られる。

④工務店の新規参入、兼業化、合併など将来の動向
- 職人に独立志向は少なく、現場監督や営業が、工務店やリフォーム業を新規開業。
- 大工・工務店の兼業は少ないが、工務店が不動産業を兼ねる例などはある。
- 工務店のM＆Aは難しい。工務店の財務内容は良くないところが多いので合併は少ない。負債を抱えているところを買う企業はない。工務店数の減少は、廃業、倒産によるもので、合併によるものではない。
- 年間建設戸数10棟程度の工務店は、社員3, 4人で家族経営に近く、設計は外注が多い。こうした工務店の多くは、一代で終える人生設計であるため、いずれ廃業する。工務店の継続には将来の事業性が必要。

⑤大工の社員化
- 社員大工としている工務店はいくつか見られる。
- かつては大工の巣（例：気仙大工）というエリアがあったが、今は減ってきている。
- 地方でも人口集中地は都市型（の生活志向）。
- 昔は、大工は高給で安定していたが、それは今の5, 60代の大工まで。現在は3Kの環境であるとして人は来ない。
- 大工・職人の世界とサラリーマンの就業スタイルが合わない面はあるのも確か。
- 公共工事は週休二日になっているが、職人は日給であるため、週休二日では働ける日数が減り収入のバランスが崩れる。
- 職人不足の問題では、今後、サラリーマン大工をどう確保するかが重要。それを進める中で、3

Kの就労環境ではなくなる。

⑥大工・職人の位置づけ

・様々な新しい技術が入る一方、職人の高齢化は進み、職人が疲れてきた。

・現在の大工の給料のピークは40代で800万円。

・日本の教育の場では職人を位置づけておらず、親の理解もない。建設現場は３Ｋとして敬遠される。

・（公共工事と異なり）民間工事では社会保険料負担のコストは請負価格に考慮されず、きちんとした修業をしない未熟練工でも施工可能な方向に工法・技術が変わり、熟練した職人という業種のステイタス、社会的地位が失われている。

・プレカットが普及し、大工ではなく足場屋が木造住宅の建て方を担当できるようになっている。あまりに機械が発達し、木造の細工がなくなったのは異常とも感じる。

・建設の業種によっては若い人はいる。鳶は比較的に高給であること、足場鳶と塗装工は比較的に簡単になれる面があるが、大工の入職者は少ない。

・職人は自分より優れた人を認める。ドイツから招いた左官のマイスターに輸入左官材の実演指導をして貰ったがやはりマイスターは違うと誰もが認めた。大工でも一級技能士は給料に差をつけるなどすれば、定着もすると思う。

・札幌の「とび・土工・コンクリート打設工事」専門の小鍛治組は、100人の職人を抱える日本一の会社。高くても難しい工事を頼まれている。職人の会社はマイスターとかの仕組みを設けながら体系的に出来、大工会社なども考えられるのでは。

・今後、サラリーマン化した職人が増えてゆく。資格の体系化、給与水準の向上、民間での職人育成の補助～最低賃金保障や育成機関に費用を出す～などが必要では。

・国を挙げて、職人は素晴らしいと、夢を持たせられないと駄目。

⑦新規入職者対策、大工育成の動向

・大工・職人がいなくなれば受注しても作れない状況になる。

・大工育成に取組み、新卒者を大工に育成してきた工務店はある。

・今、地域の大工の育つ環境は、地元の職業訓練校で学ぶもので、卒業生は各校で年3，4人と少ない。環境が変化する中で、職人自身が子供に大工をやらせない。

・大工になるには5年はかかり、道具も自前。日給も地域によっては1.8万までで1.5万円が多い。

・大手ゼネコンなどが、看板を利用して職人を育てる仕組みがあれば凄いがゼネコンはやらない。

・大工の育成は、同業他社とも握手しながら、協力しなければならない。建材流通のやることではない、などといってはいられない。

・元請けで仕事をする意向はないが、お客様支援のため、廃業する工務店の大工を社員として雇用し、社内で大工を育成している。それにより、木造住宅の建て方から仕上げまでをカバーする。

・住宅生産も行う当社の大工育成は10人くらい。フレーミング工事では、若い3，4名をベテラン大工2名が技術指導している。キャリアパスを示し、賃金も月給を1年目20万、5年目では

30万、棟梁は年俸800万〜1000万としてゆく。

- 技術継承が無くなることへの危機感がある。民間の単純な住宅でもそれを感じる。
- 新しい需要で、新しい職人が育つ。
- 技術を継承し、職人を育成するには、指導者は高齢大工でも良い。その指導者の元で大工を1から育ててゆく。
- 新卒者を採用するにも、地場産業の業種・業態の見える化、周知が必要。地域の住宅生産の担い手たちが知られておらず、工務店は苦戦。
- 山形にある全国的にも有名な金属サイディング企業は、関東圏から人材募集を行っているが、山形、宮城で募集しても知られていないという。東北地方でCMを打つことで人材が集まるようになったという。
- 苦戦はしていても地場だけでCMを打つことで、人が来て、業績が安定し、成長している例はある。一般の人に存在を覚えて貰うことが重要。

⑧職人の紹介、職人バンク化の動向

- 大工に限らず職人の紹介を依頼されることが最近増えてきている。
- 職人にとっては、安定した注文が重要で、タイル屋などは5㎡とか3㎡と言った仕事が散在しているので、建材流通店が材工で受注し、タイル職人に仕事をして貰っている。
- 実態的な職人バンクの役割は、まだ行っていないが、その必要は感じている。
- 職人不足だが、職人のネットワーク化は進まないため、職人バンクの設立を検討している。また、木工事に留まらず、多能工化も検討している。
- 昔から職人バンクのような役割を担って来た。実際にどのくらい行われているか分からないが、営業マンが工務店からの問合せを受け、可能性のある工務店に伝える話は、日常茶飯事。自社での1棟受けは、アパートと分譲住宅に限られる。この頃は基礎屋の紹介の問合せが多い。
- 営業マンが独自に職人を紹介してきたが、情報を統合した職人バンク化も検討中。

⑨住宅生産への進出〜建材流通と住宅建設の両方を手掛ける事業者の例

- 住宅生産にも踏み出したのは、冬期に雪が降ると工務店の仕事がなくなる状況があり、冬期の大工・工務店の仕事をつくるため、自社で住宅のデベロップを始めた。しかし、工務店による品質・工期のバラつきが多く駄目だったため、元請となった。
- 工法はオープン化の時期にあった2×4を採用した。軸組工法メインの顧客工務店との競合を避けた面もあるが、当時2×4は耐震・断熱などの性能が良かったために採用した。今はそうした工法による性能の差はあまりない。
- 農業が盛んな地域であるため、かつては5,60代職人など農業との兼業の人も多く、農業も冬場の仕事がなかった。
- 現在、兼業農家は減少し、ここ10〜15年で農業は集約化され生産力は向上し、新規雇用も生まれ、農業は通年の仕事になっている。
- 住宅建設は年間230棟、地元及び近隣県で180棟。
- 高気密高断熱住宅に取組んだのは、地域に有名な無医村があり、住む人の健康を守る視点から。

R2000 住宅の実現は全国でも早く、2×4 協会のお世話もしている。

・住宅の維持管理は毎年何かがある。ストック住環境事業部があり、OB 施主の窓口。

・維持管理が工務店では出来ていないところが多く、施主との関係が疎遠になる。

⑩その他

・働き方改革の中で、定型業務や配送の振り分け業務など AI 化を進める。

・フリーランスの現場監督は、定年後に数年働くケースで住宅ではなくビルが中心。

3. 住宅建設事業者の個別ヒアリングにおける主な指摘

調査項目の検討のため、北海道、関東、山陽、九州の各地域で営業し、地域ビルダー及び工務店で、団体のリーダー的事業者、発信力のある事業者に、地域工務店の状況、大工の社員化や育成の意向、新規入職者対策、今後の方針などについてヒアリングを行った。

対象は大工工務店から発展した地域ビルダー、建材流通から転換した地域ビルダー、建設会社から転換した地域工務店、監督や設計出身者が経営する地域中小工務店と幅が広く、地域環境の違いもある中で、それぞれの立場での状況と方針を伺った。

①工務店の定義

・分譲業者と区別すべき。従って注文住宅メインが工務店。

・住宅建設事業者は、年間新築元請戸数によって分類できる。一例として 49 棟以下、50〜299 棟、300 棟以上。50 棟未満部分が中小工務店で受注戸数シェア 53.3％。

・下請けは中小工務店の枠内に入れない方が分類しやすい。

・一人親方は、下請け業態であり、工務店とは呼ばない。但し、一人でも自ら受注する場合は工務店と呼ぶべき。

・リフォーム専業社は工務店に含まない方が分類しやすい。

②工務店の状況

○北海道エリア・ヒアリング

・工務店の第一世代が 6，70 代、第二世代が 40 代、第三世代が 2，30 代とすると、第一世代が下請けで疲弊した状況を見て、次の世代が離れ、わずかに残った第二世代がいる。

・ここ 2，30 年で、住宅生産が大きく変わり、様々な計算や書類仕事が増えてきた。それに追随しながら技術を習得し、生き残ってきた第一世代がいる。

・東北では一人親方と大工 2 名くらいで、年 2〜3 棟、元請けしている状況が見られ、若い工務店の元気が良いとも聞くが、北海道ではそうした工務店は少ない。

○広島エリア・ヒアリング

・ここ 15 年位で、広島の工務店のあり方が大きく変わった。

・かつては大工出身の社長が経営する工務店が半数近くあったが、今では大工出身の社長はわずか。技能工を持たない工務店が増え、商務店といった方が良い状況。

・工務店の数自体、激減し、（注：市内でも住宅需要の多い）広島市北部の安佐南区だけでも、年商 10〜15 億の工務店が 20 社程あったが現在は 2〜3 社残るのみで多くが倒産した。

・この状況・体制で、リフォームから新築まで対応し、飛び込みの依頼が増えている状況。需要のコンパクト化以上に、供給のコンパクト化が進んでいる。市内ですらこういう状況で、山間の市町などでは工務店の存在自体が稀少・貴重になっている。

・少子化、人口減少が更に進み、新築が激減し、家電量販店がリフォームをする状況下で、工務店

にはもっと危機感があってしかるべきだが、それが乏しい。

・広島市東部でも、工務店の数は漸減傾向で、後継者がなく廃業する例が見られる。
・新築の着工戸数が減少し、建替えの仕事を工務店が出来なくなってきている。世代交代による建替えでは、殆どをハウスメーカーが受注し、工務店はあきらめている状況。
・古い住宅が除却された場合は、不動産会社が土地を取得し、敷地を分割し小規模な分譲住宅を建設する例が多く、工務店の注文住宅の出番はなくなっている。
・工務店もハウスメーカーも土地を仕入れないと仕事が出来ない状況がある。
・20〜30年前は、アパートの仕事もあったが、現在はハウスメーカーの仕事となった。
・広島の中核的な地域工務店は年間10〜20棟建設し、リフォームは積極的には手掛けていないが、その他の中小工務店はリフォームが主で、地域工務店といっても、課題も関心も異なる。

③生産性の向上
○生産性の向上についての意識と実態
・工務店に生産性の向上という考えがあるかどうか。
・東京近郊のJBN会員は、供給戸数も大きく地方工務店というカテゴリーとは異なる。
・地方では、半農半工的な取り組みでの補助制度があるとも聞く。
・地域により状況は大きく異なり、工務店団体等の集まりでも地方会員が、東京に行きにくい雰囲気も生じていると感じる。
・地方の中小工務店は、対価の請求が下手で、低価格の仕事になっている面もある。
・工務店の生産性の把握は難しい。調査に回答してくれるのは体力のある会社が多く、工務店全体を代表する結果は得にくい。
・生産性の向上という視点で、現状を把握するのであれば、そうした取組をしている工務店に絞った方が、課題や展望は得やすい。努力している各社はそれぞれに、何をやれば生産性が向上するのかを模索している。

○建材流通から住宅生産に転換し、工場生産化による生産性向上を図っている事例
・建具屋から始まり、建材卸を営み、建材をどう工務店に納めるかを考えていた中で、 3,40年前に住設機器メーカーの住宅建材を扱うグループに参加。工務店に仕事を紹介し、メーカーの建材も購入して貰った。
・家づくりの仕組みを一般のお客さんが直接工務店に依頼しにくいため、組織的に受注　する仕組みづくりに取組んだ。当社が設計・資金計画・施工・アフターまで一連の住宅づくりのお手伝いをすることで、工務店の仕事づくりを行うことを始めた。建材流通の当社がお客を探し、工務店に紹介し、工務店とお客が契約。工務店は当社商材を購入し、製品保証は当社が行うという流れ。元請けとして工事を取る気はなかった。
・工務店も仕事の多い時期で、工務店の自立志向が高まり、仕事を紹介した工務店が辞退することが相次ぐ事態が生じた。また、工務店はなかなかコントロールが難しく、お客が要望した仕様に従わないなどもあり、この方式を10年続けた後、自社の生産体制を持ち、直営工事を行うこ

ととした。

・20 年前、工務店は設計・積算をきちんと行うような状況ではなかった。社内で設計・積算・見積のシステム化を行い、仕事量も確保できるようになり、お客様の評価も頂き、OB 客の紹介で受注することも増え、その中で新規客から（OB 客と同じ）大工でと、を指名されることが出てきた。大工の技術により仕事（の評価）が異なる状況が見えてきた。

・職人の教育は難しいが、大工の技術による仕上がりのバラつきは問題があるため大工技術のマニュアルを作成したが、それでもバラつき解消は難しく、プレカット化に踏み切り、同時に建材販売から撤退した。大工教育に限界を感じ、工場生産化を図った。

・30 年前、工場生産のプレカット化を行った。この時のプレカットは女工が墨付けし、汎用機で加工するというもの。その後、自動化した機械は出てきたが、プレカットの限界を感じていた。昔の棟梁の技術に匹敵することができなければ駄目だと考え、昔の職人の精度で、骨組みのみならず、羽柄材はじめ大工のする仕事をカバーするようなプレカット機の開発を、後発メーカーに依頼することで対応。

・高精度のプレカット化により下請けにしわ寄せしないコストダウンを実現。

・下職を叩かずに、コストを下げるには工場生産化を進めるしかないと移行。

・住宅生産のシステム化を進め、木工事のみならず、内外装材もプレカット化し、現地採寸なしの図面データに基づくプレカットとしている点が他社と異なる。残材はリサイクルするので、産廃が少ない。

・設計は 100%社内で行い、設計担当が 5 名、CAD オペ 2 名の体制で、性能評価等の計算も対応し、設計・積算・プレカットまで連動する CAD システムを導入している。

・営業エリアは 1 時間圏域などではなく、広く営業していた。現在、あまり遠くの仕事はしないようにしているが、地方のお客さんからの仕事もあり、断れない。

・OB 施主が多いので、増改築の依頼も多い。アフターは遠くても対応する。

・家づくりのシステムが出来、他社との差別化が図れている。

④リフォームへの取組状況

○リフォームの担い手

・工務店とは注文住宅を主力に、リフォームもこなす業者でメインは新築。

・リフォーム業には、リフォーム専業と兼業がある。専業は不動産系、工務店系、または新規参入専業がある。兼業には不動産系、工務店系、更にはホームセンターやガソリンスタンド、プロパンガス業者などの新規参入組がある。

・工務店がリフォームを主力として生きて行く可能性はある。但し、相当な努力をして体質改善をしなくてはならない。新築とリフォームの一番違うところは、現場が工務店のステージか、お客さまのステージか。前者は基本的に工務店のペースで仕事をしても良いが、後者はお客様のペースで仕事をするわけで、連絡報告相談の密度や、訪問する職人の身なり言葉遣いなど全てにおいてサービス業として一流が求められる。そのことを理解しない工務店は、結局数千万からせいぜい 1.5 億円の程度のリフォーム売上しか上げられない業態となる。

○リフォームの受注
・リフォームは家電量販店、ハウスメーカーとも競合になり、在来系の住宅メーカーはもちろん、鉄骨系のハウスメーカーも、自社施工の住宅に限らず在来木造の改修事業にも参入し、一人親方などの下請け工務店を用いてリフォーム事業を行っている。
・工務店が改修を行う場合、各専門工事業者（大工、電気、衛生、解体など）に声を掛け、見積もりを取るが、家電量販店では多能工化を進め、コストダウンを図っている。在来の風呂の解体からユニットバスの組立、給排水、電気までの工事を12〜13万円で、一人で行うという状況。電気工事の資格などどうなっているかは不明。工務店が行うと解体だけで8万円位になる。小規模リフォームでは、価格では勝てない。
・こうした分野の下請けに大工・工務店が流れ、下請け化が進み、元請け工務店が減っているのかも知れない。

○非木造のリフォーム
・木造に限らずマンション・リフォームの相談や依頼もあるが、500万円未満の小規模なものが多く、多くは相見積もりで価格競争になっており、勝てない。
・マンションでは二重ローンが生じるため、フルリノベーションの要望は少ない。中古マンション購入ならあるかも知れない。マンションでは構造を触らず、工期も短く、効率的ではある。1,000万円程度でのフルリノベーションの要望が多いと思われるが、在来の木造戸建であれば同じような内容でも、1,500〜1,800万円は掛かる。

○工場生産化を進めた地域ビルダーのリフォームのシステム化
・新築はペースダウンしており、建材流通業開始時からメンテナンスと合わせ、増改築には力を入れてきた。
・増改築は大工の仕事で、工場生産システムには限界があり、新築で育った大工を増改築向けにするのに苦労した。
・多能工としての職人育成に取組み、大工の木工事の他、簡単な住設機器の取り付けや電気工事まで対応できるようにし、コスト低減を図る。
・売上は新築：リフォームは2:1で新築が多いが、新築が横ばいに対し、リフォームは伸びている。但し、工事規模は小さく件数が多く大変。
・営業地域では耐震改修の依頼はなく、断熱改修の依頼が多く、それに合わせた内外装の変更など規模の大きなリノベーションになる。これも建築時期（築年）で、仕様などが推定できるのでマニュアル化しており、営業マンでも一定の対応ができる。
・断熱以上に気密の確保が重要であるため、全ての建物（新築？）で気密測定を行う。C値は1以下と説明しているが、0.6程度に収まっている。
・増改築の積算も社内の積算システムを用い、営業マンがお客様のところでその場で見積もりができるようにしている。営業と技術者の二人で対応すると食い違いが生じることもあるため。現場

で写真をとっても、取りこぼしがあったりで、コンセントの位置を確認し忘れたりで電気一式で形状し、内訳が曖昧だったりする。

・面積を入力し、仕上げ等、チェックしてゆくと積算できるシステムで、下地の不具合などもあることを想定して計上し、なければ減額するという仕組み。基本的には、追加を避け、減額方向になるよう、安全を見て計上し、そのことを説明する。

・現在営業職は10数名。大工出身はおらず、経歴は様々だが、接客経験のあるメンバー数名がいる。

○地域の既存住宅の維持保全業務（家守）

・そもそも「家守」はそう大きな市場ではない。家守が必要と言われるが、多くの家は必要な外壁塗り替えや屋根の塗り替えをせずに15年20年が経過する。その内、家族環境が変わり、老後の心配から適切なリフォームもせずに我慢して暮らすこととなる。

・特に、近年の小さくて安い家ブームは将来、それらを手厚く改修しながら改善する土壌をもたない。これらの中古住宅を、化粧直して売却する再販業者の商品となる。

⑤大工の位置づけと社員化

○大工の立場

・大工がどのような存在であるかは、社会保険の適用状況（どの保険まで負担しているか）でわかる。一人親方はその適用を受けていない大工。

・有力な工務店の多くは、社会保険の適用なしの専属大工として、請負で外注している。それで年間10〜100棟程度の住宅を建設している。ビルダーに成長した企業でも、入社3〜5年は社員として育て、以後は社会保険の適用のない専属大工として請負で外注している例が見られる。

・技術が高まり給与が上がると会社の社会保険料負担が増加するため、専属大工化する例が多い。

・専属大工（一人親方）の請負は、社員化（社会保険料負担）を避けるための請負であり、他社の仕事をやると仕事が切られる構造がある。

・大工を「コスト」として見るか、「パートナー」として見るか。大工を市場で「調達」するという言い方自体にスタンスが示される。

・大工の立場でも、それまで育ったやり方に慣れているため、他のやり方で仕事をすることへの不安もあり、専属を続けている面がある。

・職人は、平均化した働き方に縛られない、一人での仕事が向いている面はある。

・元請けは、パワーとスピードのある大工に仕事をまわす。50代でガクッと仕事が減り、保険も年金も不十分な状況を見ていると、若い人は大工にはならなくなり、フリーでやる一人親方も急減している。

・全建総連の元気の良い大工などは一部で集まってグループ化しているところもある。

・エリアの状況を毎年調査し、各社の専属大工、総連型の親方、ハウスメーカーの大工の収入を把握し、これらより条件を良くするようにしている。

○大工の社員化

・北海道では公共工事の比率も高かったため、大工を社員化した工務店は多かった。

・JBN でも社員化は話題ではあるが、各社ごとの対応は限界がある。

・大工の社員化を試みようとしている首都圏の工務店もある。

・一般化できる方法としてゆくのは他の産業と同じ。あらゆるところに零細企業はあり、中小企業、小企業の規模だが、社会保険を適用し、求人票を出す。

・あるべきまっとうな工務店と言われるところでも、大工を社員にしていないから利益が上がっている面がある。

・仙台で講習を行った際、受講した 15 社中、6，7 社が社員化を行っている模様。

○社員化への対応（工場生産化・営業~設計~施工のシステム化を進めた地域ビルダー）

・大工は最初の 3 年社員化し、その後は、専属大工として請負で外注。その方が大工の効率は良い。社会保険の負担はしていないが、仕事が切れないように仕事を出しており、専属として仕事を請け負って貰っている。

・増改築にベテランを回す必要はそれほどなく、ベテランでなければ出来ない仕事は、今のリフォームでは少ない。若い大工もリフォームを担当しており、新築大工とリフォーム大工の区分けはなく、両方に対応している。

・増改築では、よりお客様対応が重要で、服装やマナーなどが大事になってくる。

・監督は、社内育成と中途採用が半々。大工を 5 年務め、監督に転じたのが 2 名。

・棟梁が現場監理を行えるようにする方向で考えている。

○社員化の対応（大工技術重視の中規模工務店）

・今、地域の工務店協会会員 60 社中、大工を社員ないし専属外注化しているのは 2 社。仕事が生じてから大工を手配する工務店が多く、大工を連れた工務店が激減。

・中古流通が進み、新築からリフォームに比重が移った際に、今の状況では既存住宅の架構・仕口を扱える工務店が激減していることになる。

・加工技術の維持のためには、大工が激減する中で、少ない大工の質の向上を図る必要あり、大工の育成が不可欠。

・このため、雇用の生涯保障や収入の安定、大工の社員化が課題とされるが、社員化は簡単ではない。

・社員化し、月給にすると、手取りは減少し、賃金比較での引き抜きが生じやすく、育てたところで引き抜かれる状況となる。また、技術の高低や仕事量が給与にタイムリーに反映しにくい部分もあり、当社では、育つまでは給与を支給し、その後は、専属外注として継続的に仕事を請負で発注する一方、会社が半分負担する形で退職金共済を開始し、安定的な関係を維持し、高齢化した大工の将来の安定を図れるように考えている。今の、弟子を何人も育ててくれた棟梁も、以前のようには仕事量はこなせず、田舎に農地があるという点で不安は少ないが、生活に困るようなことにだけはならないようにしなければと思っている。

・この仕組みは、技術を評価し、時間管理の良し悪しが賃金の高低につながっている。

・大手ハウスメーカーの下請けの大工などは、この地域では日当が 1.5 万円以下とも言われ、将

来の展望が開けず、業界に入る人材がいないのは無理もない状況。

・大工同士では、こうした収入や条件についての情報のやり取りは活発で、当社は他社に比べると条件は良いようだ。

・生産性の向上を売上の向上、規模の拡大と見ると、そのような志向はないが、会社を末永く維持し、（そのためにも）大工の収入を高め、経営の安定を図るという点では、生産性の向上と言えるかも知れない。

○社員化の対応（長期優良住宅にも対応する工房型の小規模工務店）

・大工の雇用の安定という点で、社員化すべきという議論はあるが、新築が年間に１，２棟で改修が中心という小規模な工務店の場合、大工を雇用することが困難。仕事量が安定していれば良いが、新築の受注に波があるため、現時点では社員化は難しい。

・専属的にやってくれる親子の大工さんはいるが、今年は新築の仕事が途切れていて、他の大工仲間の応援などをやっている。父親の棟梁は、仕事量はぼちぼちで良いが、息子さんは収入の安定のため、新築の仕事を切れ目なしにやりたいという希望があり、なかなか継続的には答えられない。父親の棟梁は田舎に水田をもっており、週末農家という例はあり、半農半工的と言える。

⑥大工の育成

○大工技術重視の地域工務店（ＪＢＮ会員）

・大工育成は若い人を入職させ、新人大工として育てることが基本。

・育成は中小工務店経営者の立場で育てる。JBN は年間１〜10棟建設する新築元請経営者がベース。一人親方を育てる立場とは異なる。

・一社では育成は難しいため、JBN の組織の活用を考えている。

・他の産業同様に、大工を一人でも二人でも増やす必要がある。

・建設業は重層下請け構造の中で、働き方改革に関わる改正労働基準法の適用を 5 年猶予は与えられており、導入されるキャリアアップシステムはゼネコンに適した制度で、これに対し意見をしてゆく必要がある。

・大工育成の方向・育成する大工像は、JBN の方針としては「適応力のある大工」である。自身は、大工は木に関するあらゆる建築物に適応しなければならないと考え、「墨付け・手刻みの出来る大工」と考えている。

・CLT は 100 坪内外の非住宅の建築物（幼稚園、カフェ、ショップなど）に利用されるが、木でつくる以上、やるのは大工しかいない。耐震改修でも墨付けのできる大工が必要。

・ドイツと異なり、日本は学校教育の中から、技能教育が取り除かれてしまった。

・国レベルでどこに焦点をあてるか。

・「墨付け・手刻みができる」と適応力が高いというのはひとつの仮説。小技術をバラバラに伝えるより、様々な能力が育つ。大工で生涯食べてゆこうと思ったら何をするか。入職３年で墨付け、手刻みではないか。

・墨付けは経営的側面も考えるが、伝統や美しさなど文化的な側面でも重要。

・現在、地域で建設業人材育成研究会（会員は工務店8社）を立ち上げ、（従来、離職者向け教育を担う）ポリテクセンターと連携し、JBN のガイドラインに沿って新人大工向けのプログラムを作成。

・木造建築 1000 年の歴史を踏まえ、文化に繋がる育て方が重要だと思う。500 年続く茶の千家十職が近いが、木造建築の歴史はお茶よりも長い。

・どのように育てるかは、工務店が大工をどうみているかのスタンスにより異なる。

○工場生産化・営業~設計~施工のシステム化を進めた地域ビルダー

・工場生産化の基本は、骨組みの精度。当社では現在、大工の仕事の 97～98％を工場生産化し、大工はプレカット材の組立と巾木などの規格材をカットするのみ。このため、メーカーにも協力を要請し、現在、大工手間は新築で坪1人・日。

・大工養成塾を 22 年前～昨年まで開講し、300 人程度の卒業生がいる。

・養成塾は1年のカリキュラムで三級技能士レベルにする。認定職業訓練校であり、鋸の目立てや道具の手入れなどの基礎から行うが、家づくりが工業化してくると、こうした基礎技術より、お客さんとの対応、挨拶、身だしなみなどの人間形成、パソコンの利用などに力を入れてきた。

・卒業生で残っているのは5人程。職人を育成しても他社にスカウトされてゆく。現在、10 人程度の大工を主体に新築を行っている。

・年3～5人、高卒を採用。普通化、商業など様々。地方では就職がないので遠方からも来ている。

・現在5年は社員とし、多能工（木工事の他、電気、設備、太陽光パネル取り付け、断熱（ブローイング含む））として育成するのが教育の方針。木工事だけでは将来食べて行けない。

・職業訓練校のカリキュラムは鋸の目立てなど古すぎ、機械化の進み、性能の高いものをつくることが求められている今の住宅生産と教育内容があっていない。

・新規入職者の拡大や育成を、他社や業界、他団体と取り組む意向はない。他社に構わず自社で育成する方針。

○大工工務店から発展した地域ビルダー

・これから本来の大工職人を育てる役割を担うのは、高級住宅をつくることをターゲットにした地域工務店である。つまり県内 TOP10 ビルダーに入るような 100 棟オーバーの工務店の役目と思う。当然、それ以下の棟数の心ある工務店が大工育成に加わり、数社協力して育成する事となると思われる。

⑦女性技術者・外国人技術者の採用動向

○工務店団体等での女性の力の活用に向けた取組

・工務店は社長以下、男性が多く、特に職人は説明が下手。この点、工務店の女性スタッフの方が、施主の奥様とのコミュニケーションもうまく、上手に説明でき、掛かる費用についての説明も理解もうまく行く面がある。この点などを改善し、工務店で働く女性の力を生かせるようにしようと取組んでいる。

○工場生産化を進めた地域ビルダーの状況

・現在、女性技術者はいないが、17～18年前は女性大工も多く、監督も含め女性だけのチームをつくっていたこともある。機械化が進み、女性でも出来ることは多い。

・当時の女性大工で、現在も建築業には従事している人いない。

・大工の奥さんに一緒に働いて貰う機会もつくり、軽作業など夫婦で仕事をする大工も2組あったが、大工の稼ぎが良いこともあり、現在はやっていない。

・外国人技術者の導入もすでに導入し、以前は中国人が3年おり、現在はベトナム人実習生がいる。住居は提供し、月給制で残業・休日出勤等、支払っている。

・実習生の働きぶりも良いが、車の免許がないため、現場に送り届ける人件費の生じる点が問題で運転免許が取得（国際免許）できると良い。これが壁のひとつ。

・ベトナム人実習生の採用面接は、現地で行った。すでに一定の日本語の勉強はしているので大きな問題はなかった。

⑧工務店の今後あり方

○大工工務店から発展した地域ビルダー

・年間建設10棟が7棟、5棟、3棟と減少していく工務店は、デザインや施工技術その他特徴がなく、急速に市場必要性を失っている証拠である。そのような工務店は今回の淘汰の渦に巻き込まれる。

・10棟以下でも、デザインや使用材料、工法に特徴を持つ工務店は「工房型工務店」として存在していくと思われる。SNSを活用しそれなりに存在感を放つと思われる。

・価値ある住まいを作る意思を持ったユーザーの立て替えが、「デザイン」「施工精度」「自然素材」にたけ、生き残った工務店の仕事になる。

・これからの工務店に求められる役割は、価値ある住まいを生み出す力。それをある程度の集住を含めたコミュニティの創造までも企画できる規模を持つ工務店が求められる工務店像。その工務店の役割は、本当の家守、環境保持、景観保持の役目だと思う。

・日本の注文住宅の25%が3500万円以上で、しかもそれを建てているのはプレハブメーカーだという事実を知り、精緻な大工の技や左官や建具屋の手による「高品質な施工」、美しい「デザイン」、新建材ではなく「自然素材を中心とした材料」の家づくりを行う工務店のつくる家こそが、それにとって代わるべきだと確信した。

・しかも、その工務店は家を作るだけでなく、エコタウンなどのプロジェクを自ら行う、小さなデベロッパー体質も身に着けることが望ましいと思う。そんな工務店を「新たな工務店」と呼んで欲しい。

⑨その他～災害復旧と地域工務店

○応急修理に対応した地域工務店

・各市町の応急修理に対応する工務店として紹介されるが、地元では当社一社しかなく、隣に市町に登録されている工務店もわずかで、対応した。

・7月6日の豪雨災害の復旧では、土曜に地元の役場から電話が入り、建築の土工と重機の手配の

依頼があり、しばらくは土木の応援のような状態が続いた。

・OB 客のところの土砂の撤去には行ったが、来てくれたことに対しての安心感は大きかったようで、そうした工務店の様子が、新たなお客さんにつながることもある。

〇応急仮設建設に対応した地域工務店

・今回の水害・土砂災害で、応急仮設住宅の建設が生じ、県の要請で候補地を廻り、配置図を作成し、建設戸数を算出するのに、時間を要し、プレ協に 1 日遅れた。視察の翌日には、戸数が分かるかとの質問に対し、協力予定の設計事務所は、1 週間後なら可という回答ばかりで、1 社も対応してくれず、大手ハウスメーカーと地域工務店の機動力の差、生産力の差を感じさせられた。

・30 戸程度を建設することになったが、会員工務店の多くは被災を免れたエリアにあり、日常業務を止められないとして建設（監督業務）に手を挙げたのは、4 社にのみだった。

・仮設住宅の木材調達を、材木店にまとめて依頼できたのは、それ以前の啓発活動を協働した経緯があったからで、顔の見える信頼関係は重要。

・地元の土木系建設会社も、土工ほか人員は外部調達、重機はリースで、今回、復旧作業に入ろうにも人も、機材も調達できず無力を感じたところは少なくない。

・工務店はじめ建設会社が技術と手段を持たないといざというときに困ることを痛感。

（3）ヒアリング調査結果まとめ

①建材流通の動向と指摘

・建材流通各社は、販売先の工務店支援のためのサポートセンター的な役割を担っており、技術的な情報提供と共に、職人の情報提供（営業担当者ベース）を行っている。

・口座数の８割近くは中小工務店が占めており、口座数は減少傾向にある。

・住宅の性能の高度化、仕様の高度化、手続きの複雑化で、従来の大工出身の工務店、一人親方元請は減少し、新規参入の工務店は設計事務所からの参入が見られる。

・大工を社員化している工務店はわずかで、多くが社会保険なしの専業で大工に外注しているが、大工不足が進んでおり、地域ビルダーも受注を伸ばせない状況が見られる。

・大工を多く抱える（社員大工に限らず、協力大工を多く持つ）工務店に仕事は集まる。

・大工、基礎、左官、板金等の職種の不足が各地で見られ、監督不足も顕著となっている。

・職人の人材バンクのシステム化（個別営業担当ベースから共有化）が進みつつある。

・顧客の一人親方の減少が顕著。高齢化による廃業と下請け化が進む。

・ビルダーも財務内容が良い訳ではない。

・建材販売の維持のため、材のみならず施工（材工）への進出が進んでいる。

・大工の仕事の品質・工期のバラつきを避け、直営に乗り出すケースも見られる。
建材販売自体を止めた例もある→　建材流通の工務店化

・工務店個社での大工育成は限界があり、地域で団体も越えて取り組む必要がある。

・建材流通は顧客サービスの視点から、独自に社員大工を育成する動きが進んでいる。

・職人不足に対応した建材流通側での機械化（構造材のみならず、仕上げ材も含むプレカット化、部品化）も進められ、そこでは多能工的な大工育成が志向されている。

・大工や職人の子弟が参入しない状況では、大工・職人の減少に歯止めはかからない。

・大工はじめ地場の家づくりの担い手の業種・業務の見える化、就労環境の改善、地位の向上が、新規入職者の拡大の上では欠かせない。メディア等を通じた大工の魅力の発信・知って貰うことは重要。

・着工棟数の少ない小規模工務店はリフォーム比率が高い。ホームセンターのリフォームはまだ本格化していない様子。家電量販店は住設機器の更新が中心で家守ではない。

・家屋の老朽化に伴うリフォームは、現在の住宅に必要とされる性能等についての理解の低い事業者（新築受注の少ない事業者）によって行われる可能性があり、住宅履歴の保存など、ストックの維持保全の点では不安が残る。

②工務店の動向と指摘

・大工出身の工務店は減少し、社員大工や社会保険料を負担した専属大工のいる工務店はごく少数。今、業績が良いとされる工務店の大工は社会保険なし坪請外注が多い。

・社員化は、経営力の強化と一体でなければ不可能。工務店の業績の波が大きく社員化を避けてい

るが、大工の減少に対しては目をつぶり、手を打っていないのが大多数で、展望を持っている訳ではない。

・社員化しているところでも、新規入職から3～5年で、厚生年金保険の負担が増すあたりで専属（社会保険の適用のない囲い込み）として繋ぎとめるのが一般的。

・個社での大工育成には限界があり、大工の育成と社員化を行っている工務店でも、同業他社や他団体と連携した大工育成に取組み始めている。

・大工の育成方向は、家づくりは志向する家づくりの方向、事業展開の方向により異なる。

・プレカット化・機械化を進めた工務店の新築では、木工事は必要とされず、多能工的な役割が多い。

・多能工化を進める事業者では、外国人技能研修性の採用も見られる。

・一級技能士などの技術を生かせる工務店は少ないが、尖った工務店として差別化し、高い木工事の技術を持つ大工を育てる工務店も一部に見られる。

・中小工務店は、新築は敷地とセットでないと仕事を取れない状況が見られる。建替えは営業力のあるハウスメーカーやビルダーに取られている。

・現状では「家守」（既存住宅の維持保全）は、まとまったビジネスになりにくく、小規模工務店やリフォーム会社の領域。力のある工務店は。リフォームには積極的ではなく、新築の獲得を引続き志向している。但し、OB客対応は行っている。

・リフォームの多くは、小規模な修繕的なものや住設機器更新に伴うものが多く、多能工的な大工で人件費を抑える方向にある。（家電量販店の下請けなど）

・元請け工務店が減少しつつあり、今後も倒産・廃業、下請けへの転換が進む。

・トップ工務店では、高い性能を実現し、文化的な発信力も有し、ハウスメーカーに対し競争力を持つ工務店への転換が模索されている。

③ヒアリングを通じた大工・工務店業界の体制（住宅生産体制の実態・構図）の整理

1　工務店（含む地域ビルダー）の主な分類

　A.元請新築メイン　：地域木造住宅建設の主体、大から小まで幅広く分布

　　　年間新築戸数別　→20～50戸（地域による違い）以上がビルダー、以下が工務店

　　　注文住宅系・分譲住宅系別

　B.元請リフォームメイン：小規模な工務店が多い

　C:下請メイン：比較的小規模な工務店が多いと見られるが把握がしにくい

　　　　　　　建材店子会社の施工店はこの分類になる

2　大工の所属

　　・社会保険の適用を受けないフリーランスが基本。工務店はこれに坪請外注が主流。

　　・ごくわずかに社会保険の適用を受ける社員化した大工がいる。

3　大工の減少
・工務店の多くは大工の減少に目をつぶっており、建材流通の人材情報を活用。
・建材流通は、職人不足に対応したプレカット化（仕上げ材含む）、部品化で対応。
・上記工法に対応した大工を自社で育成し、材工で工務店に提供。一部はビルダー化。
・一人親方は高齢化し減少。
・外国人技能研修性の採用も見られる。

4　大工の新規参入
・新規参入は少ない
・比較的に力のあるビルダー・工務店等で3〜5年、社員大工等として働き、その後、独立し専属大工として坪請で木工事を受注する流れが多い。
・職業訓練校の卒業生はわずか（3〜4人/校など）。

5　大工の育成
・工務店個社での大工育成に頼るのは困難であることは共通認識。
・力のあるビルダー、工務店、建材店は自社で大工を育成。
・大工育成の方向は、地域、経営方針によって異なる：多能工 vs 墨付け手刻。
・大工育成は、地域の有力なビルダー・工務店を中心に、団体横断的に行う必要性。
・就労条件の改善、将来の見通し、技能の評価、業種の見える化は今後、不可欠。

6　住宅生産の方向
・プレカット化・機械化による大工・職人減少に対応した住宅生産。
・大工・職人の技術・素材の重視、高性能エコハウスなど、特徴で勝負する住宅生産。

④「大工はどこにいるか、工務店は何をするか」
1.大工の定義
　1）大工はどの組織と繋がって仕事をしているのか？
・専属ないし協力のフリーランスの大工として、ビルダー・工務店・その他事業者から受注〜仕事情報は、上記の他、建材流通店、大工仲間等を通じて取得。
・上記の一部に、中退金や社会保険の一部適用で専属度の高い繋がりを持つ場合もある。
・少数は、ビルダー、工務店、建材店の社員（短期・長期）として雇用されている。

　2）大工はどのような範囲の仕事をしているのか？
・木工事を基本に付帯する業務：建て方〜屋根・外壁下地シート張り〜断熱（ブローイング等除く）内装下地〜サッシ取り付け〜PB張り〜木質内装（枠、フローリング、板張）。
・以上に加え基礎工事、住設機器の取り付けなど含む場合もある。
・建て方までの躯体工事、建て方以降の仕上げなど分業する場合もある。
・監督を兼務する場合もある。

３）大工はどの範囲の仕事をする人か？

・木工事を基本とし合わせて付随する仕事をする人。

（例：PB張りのみでは大工とは呼ばない、内装工）

2.工務店の役割

・建築一式工事の建設業許可を持ち、基本は元請け、一部で下請けを行う場合も含むが、下請け専業の場合は、元請工務店や建材流通では工務店と見なさない場合もある。

・リフォームを受注するホームセンター等は元請けであっても主たる業務は物販であり、工事も下請けに外注しており、工務店ではない。

・建設業許可（建築一式工事）を持たないリフォーム事業者等は工務店ではない。

3. 工務店・建材流通店を対象としたアンケート調査
(1)調査の概要

1. 調査目的

　本アンケート調査は、大工・工務店による住宅建設における生産の実態に関する全国及び地域の基本データを得ることを目的として実施した。

2. 調査対象及び調査の種類

　調査対象は、一般社団法人全国住宅産業地域活性化協議会の事業者会員（工務店等、以下ビルダーを含む）及び流通店会員とした。一般社団法人全国住宅産業地域活性化協議会は、全国に 68 の地域の会を設置しており、各地域の会は事業者会員（工務店等）及び事務局を務める流通店会員（建材流通店）で構成されている。この各地域の工務店等と建材流通店の繋がりより、地域における大工・工務店業界の体制構造、住宅生産における業務の分担の実態、住宅の生産力確保の意向（大工の社員化及び育成の実態・意向を含む）等を把握することを意図した。

　アンケート調査は、調査 A 及び調査 B の 2 種類を実施した。各調査の調査名及び調査対象は次の通りである。

①調査 A「木造住宅の生産及び保全（家守）の維持のための担い手の育成動向のアンケート調査」

　　調査対象：一般社団法人全国住宅産業地域活性化協議会の事業者会員（工務店等）とした。

②調査 B「大工・工務店による住宅建設における生産の実態把握に関する調査アンケート調査」

　　調査対象：一般社団法人全国住宅産業地域活性化協議会の地域の会における事務局を務める 68 の流通店会員とした。各都道府県における流通店会員の数は次の通りである（カッコ内が流通店会員の数）。

北海道(2),青森(0),岩手(1),宮城(1),秋田(2),山形(1),福島(2),茨城(2)栃木(0),群馬(1),
埼玉(2),千葉(2),東京(1),神奈川(2),新潟(1),富山(1),石川(3),福井(2),山梨(1),長野(1),
岐阜(1),静岡(3),愛知(6),三重(0),滋賀(1),京都(1),大阪(2),兵庫(5),奈良(1),和歌山(0),
鳥取(1),島根(0),岡山(3),広島(3),山口(1),徳島(2),香川(1),愛媛(1),高知(0),福岡(3),佐賀(0),長崎(2),熊本(1),大分(0),宮崎(0),鹿児島(1),沖縄(1)

　※調査 A は、地域の会の合計（母数）が少なく、また都道府県によって地域の会の数が異なる点に留意する必要がある。

　　調査 B は、建材流通店を通じて工務店等へ調査票を配布したことにより、調査結果は業界全体の傾向とは異なる何等かの偏りが生じている可能性がある点に留意する必要がある。また、地域の会の無い都道府県からの回答は少ないもしくは無い一方、回答数の極めて多い県もあり、データの偏りがあることにも留意する必要がある。

3. 調査方法
①配布方法

　各地域の会の事務局を務める流通店会員へ、調査Aアンケート調査票（30部）及び調査Bアンケート調査票（1部）を郵送した。調査Aアンケート調査票は流通店会員より事業者会員（工務店等）へ配布した。

　また、一般社団法人全国住宅産業地域活性化協議会事務局を通して、流通店会員へ調査A及び調査Bの調査票データをE-mailで送付した。

②回収方法

　一般社団法人全国住宅産業地域活性化協議会事務局への郵送、E-mail及びFAXにより回収した。

4. 調査実施期間

　配布・回収期間：平成31年2月6日（水）〜3月4日（月）

　　　　　　　　　　（締切りを2月22日に設定していたが途中で延長した。）

5. アンケート調査票の概要
①調査A

　事業者会員（工務店等）を対象に行った本アンケート調査に用いた調査票は、次の5つの項目に関する全13問の設問で構成されている。

・工務店等の基礎情報

・昨年度（平成29年度）の実績

・大工の雇用・提携の状況

・生産力確保に関する意向（大工の社員化及び育成の実態・意向を含む）

・経営者の年齢と後継者の有無

②調査B

　流通店会員を対象に行った本アンケート調査に用いた調査票は、次の8つの項目に関する全14問の設問で構成されている。

・建材流通店の所在地

・実質的に取引のある工務店等の傾向

・工務店等への営業支援及び技術支援の提供状況

・工務店等への職人の人材情報の提供状況

・材工サービスの実施状況

・建材流通店における大工の雇用状況及び育成状況

・工務店等の大工の新規入職者確保に必要な方策

・建材流通店における工事受注状況

6. 調査票の配布と回収

　各調査票の配布と回収の状況は表3-1-1の通りである。

表 3-1-1 アンケート調査票の配布と回収

調査の種類	調査 A	調査 B
調査対象	事業者会員（工務店等）	流通店会員
配布数	－	68
回収数	714	46
回収率	－	67.6%

7. 分析における地方及び地方公共団体の分類

　本アンケート調査の分析において、都道府県及び地方公共団体を表 3-1-2 及び表 3-1-3 の通り分類した。

表 3-1-2 都道府県の地方分類

都道府県	調査 A における分類	調査 B における分類
北海道	北海道	北海道・東北
青森、岩手、宮城、秋田、山形、福島	東北	
茨城、栃木、群馬、埼玉、千葉、東京、神奈川	関東	関東
新潟、富山、石川、福井、山梨、長野	北陸・甲信越	北陸・甲信越
岐阜、静岡、愛知、三重	中部	中部
滋賀、京都、大阪、兵庫、奈良、和歌山	近畿	近畿
鳥取、島根、岡山、広島、山口、徳島、香川、愛媛、高知	中国・四国	中国・四国
福岡、佐賀、長崎、熊本、大分、宮崎、鹿児島、沖縄	九州・沖縄	九州・沖縄

表 3-1-3 地方公共団体の分類

区分	要件
指定都市	人口 50 万以上の市のうちから政令で指定
中核市もしくは施行時特例市	中核市：人口 20 万以上の市の申出に基づき政令で指定 施行時特例市：地方自治法の一部を改正する法律による特例市制度の廃止（平成 27 年 4 月 1 日施行）の際、現に特例市である市（特例市要件：人口 20 万以上の市の申出に基づき政令で指定）
特別区	東京 23 区
市	人口 5 万以上ほか
町・村	上記にあてはまらないもの

8. アンケート調査票

① 調査 A　調査協力依頼書

平成 31 年 2 月吉日

一般社団法人全国住宅産業地域活性化協議会会員工務店各位

公益財団法人 日本住宅総合センター
国土交通省 住宅局 住宅生産課 木造住宅振興室

一般社団法人全国住宅産業地域活性化協議会

「木造住宅の生産及び保全（家守）の維持のための担い手の育成動向の調査」
アンケート調査ご協力のお願い

　拝啓　貴社ますますご清祥のこととお喜び申し上げます。

　公益財団法人日本住宅総合センターでは、国土交通省住宅局住宅生産課木造住宅振興室の協力のもと、「大工・工務店による住宅建設における生産の実態把握に関する調査」事業を実施しております。この度、一般社団法人全国住宅産業地域活性化協議会様には、本事業の一環で実施する本アンケート調査にご協力いただくこととなりました。

　国内における住宅供給の約 1／3 が在来木造戸建住宅であり、その半数（住宅供給全体の 1／6）は中小の大工・工務店により供給されております。一方、建設業における就業者の高齢化・人手不足は問題化しており、殊に大工職の減少・高齢化、若年大工の減少は顕著であり、工務店数自体も減少している状況にございます。これらの状況を鑑みると、住宅の供給・維持管理を担える体制確保に向けた検討が喫緊の課題であると考えられます。

　このため本事業では、この検討に先立ち、基礎となる大工・工務店の生産性の実態把握の調査と課題の抽出を進めております。

　本アンケート調査は本事業の一環として、工務店等を対象に、木造住宅の生産及び保全（家守）の維持のための担い手の育成動向を把握することを目的として実施するものです。

　なお、本アンケート調査は、事業平体である公益財団法人日本住宅総合センターより、株式会社現代計画研究所に調査委託の上で実施するものです。ご回答いただきました情報の取り扱いには十分に注意し、安全管理措置を講じます。

　皆様におかれましてはご多用のことと存じますが、調査の目的・主旨をご理解いただき、状況やご意向をお聞かせください。ご協力のほど宜しくお願い申し上げます。

敬具

≪ご回答の方法≫

1. 回答は別紙の「調査票」（A4・4 ページ）にご記入ください。

2. 記入済みの調査票を返信用封筒に封入し、平成 31 年 2 月 22 日（金）までに一般社団法人全国住宅産業地域活性化協議会事務局へご返信ください（切手は不要です）。

3. 本アンケート調査に関しましてご不明な点がございましたら、調査委託機関（株式会社現代計画研究所）までご連絡ください。

≪ご返信先≫	≪お問合せ先≫
〒104-0032 東京都中央区八丁堀 3-1-9　京橋北見ビル西館 7 階 TEL：03-3537-0287　FAX：03-3537-0288 一般社団法人 全国住宅産業地域活性化協議会事務局	〒176-0012 東京都練馬区豊玉北 6-4-4-201 TEL：033994-8601　　FAX：03-3994-8603 e-mail：info@gkk-tokyo.com 株式会社現代計画研究所（担当者：熊谷）

※ご回答いただいた情報は、個人や会社を特定できる情報として外部に公表されることはございません。

② 調査 A 調査票

木造住宅の生産及び保全（家守）の維持のための担い手の育成動向の調査 調査票

「大工・工務店による住宅建設における生産の実態把握に関する調査」事業では、国内の建設業における大工職の減少・高齢化、若年大工の減少及び工務店数の減少に対し、住宅の供給・維持管理を担える体制確保に向けて検討するために、基礎となる大工・工務店の生産性の実態把握の調査と課題の抽出を進めております。

本アンケート調査は本事業の一環として、工務店等を対象に、木造住宅の生産及び保全（家守）の維持のための担い手の育成動向を把握することを目的として実施するものです。

貴社の基礎情報、大工の雇用・提携状況、生産力向上のための方針、大工の育成方法、今後の経営の見通し等についてお答えください。ご多用のことと存じますが、ご協力のほど宜しくお願い申し上げます。

ご提出期限：**2月22日（金）**

ご提出方法：記入済みの調査票を返信用封筒に封入し、一般社団法人全国住宅産業地域活性化協議会事務局へ
　　　　　　ご返信ください（切手は不要です）。

※ご回答いただいた情報は、個人や会社を特定できる情報として外部に公表されることはございません。

以下の設問にご回答ください。

■**貴社の基礎情報をお答えください。**

（1）貴社の所在地をご記入ください。

都道府県：[　　　　　　　]　　　　　市町村：[　　　　　　　]

（2）正社員〔社会保険が適用されている職員（事務職、営業職、大工等）〕の人数をご記入ください。

正社員数：[　　　　　　]名

■**昨年度（平成29年度）の実績をお答えください。**

（3）元請け実績（平成29年度実績）をご記入ください。

新築工事：　工事高 約[　　　　]万円,　[　　　　]棟

リフォーム：　工事高 約[　　　　]万円

（4）下請け実績（平成29年度実績）をご記入ください。

新築工事：　工事高 約[　　　　]万円,　[　　　　]棟

リフォーム：　工事高 約[　　　　]万円

（5）その他（不動産・物販等）を含む全体の売り上げ（平成29年度実績）をご記入ください。

全体の売り上げ：約[　　　　　]万円

47

■大工の雇用・提携の状況についてお答えください。

（6）大工の雇用・提携の現状について、それぞれの大工の人数をご記入ください。また、大工と知り合った経緯についてもお答えください。

社会保険が適用される形で自社雇用している大工の数　：　＿＿＿＿　名
社会保険等を一部負担して専属で提携している大工の数：　＿＿＿＿　名
社会保険等の負担はせずに専属で提携している大工の数：　＿＿＿＿　名

→　雇用・提携している大工と知り合った経緯について、**多い順に数字を**ご記入ください。無い場合は×をご記入ください。

多い順（無い場合は×）

専属大工やその仲間からの紹介・・・・・・・・・・・・・　＿＿＿
建材流通店からの紹介・・・・・・・・・・・・・・・・・　＿＿＿
設計事務所からの紹介・・・・・・・・・・・・・・・・・　＿＿＿
知り合いの工務店からの紹介・・・・・・・・・・・・・・　＿＿＿
貴社ホームページを通じた雇用・提携・・・・・・・・・・　＿＿＿
高校や職業訓練校を通じた雇用・提携・・・・・・・・・・　＿＿＿
その他：＿＿＿＿＿＿＿＿＿＿＿＿＿・・・・・　＿＿＿

（7）社員大工(社会保険適用)及び専属大工(社会保険の一部負担の有無を問わない)の人数の推移をご記入ください。なお、定年再雇用は雇用が継続していると見なします。

過去3年以内の社員大工の新規雇用：　＿＿＿＿　名
うち、新卒：　＿＿＿＿　名

過去3年以内の社員大工の退職：　＿＿＿＿　名
うち、勤続年数 3年未満：　＿＿＿＿　名
3～10年：　＿＿＿＿　名
10～20年：　＿＿＿＿　名
20年以上：　＿＿＿＿　名

過去3年以内の専属大工の新規提携：　＿＿＿＿　名
うち、新卒：　＿＿＿＿　名

過去3年以内の専属大工の提携終了：　＿＿＿＿　名
うち、提携年数 3年未満：　＿＿＿＿　名
3～10年：　＿＿＿＿　名
10～20年：　＿＿＿＿　名
20年以上：　＿＿＿＿　名

（8）外国人人材の受け入れ状況について、**当てはまるものすべてに**〇をつけてください。また、1～3に〇をつけた方は人数をご記入ください。

＿＿＿	1．外国人を自社の大工として雇用している。・・・・	＿＿＿ 名
＿＿＿	2．外国人の専属大工と提携している。・・・・・・・	＿＿＿ 名
＿＿＿	3．外国人技能実習生を受け入れている。・・・・・	＿＿＿ 名
＿＿＿	4．外国人の雇用・提携・受け入れをしていない。	

48

（９）　生産力確保の方法に関して、**優先順位の高いものを5つ選び、高い順に**番号を記入してください。5を選んだ方は、育成の協力相手についてもお答えください。

1. 社会保険を適用する社員として大工を長期雇用する。

2. 社会保険を適用する社員として若手大工を育成の後、独立した専属大工として提携する。

3. 専属大工を増やす。（2.以外：自社で育成した専属大工以外の大工を増やすことを示す）

4. 専属大工の社会保険料・退職金積立等を一部負担し、専属度を高める。

5. 社外の関係団体等と協力し、地域で若手大工を育成する。

　→ 協力相手として当てはまるものに〇をつけてください（複数可）。

	① 社外の大工（親方）		② 他の工務店
	③ 工務店団体		④ 全建総連系団体
	⑤ 教育支援機関		⑥ 建材流通店
	⑦ その他→		

6. 大工（社員大工・専属大工問わず）の労働条件を改善する（労働時間の短縮等）。

7. 外国人人材を社員大工として雇用する。

8. 建材流通店等への木工事・材工の外注化を進める。

9. 機械化・パネル化等を進め大工を要する仕事を減らす。

10. 特に考えていない。

11. その他

	1位	2位	3位	4位	5位
優先順位：					

（１０）　自社で取り組む新規大工の育成に関して、**当てはまるものひとつに〇**をつけてください。3に〇をつけた方は理由もお答えください。なお、3に〇をつけた方は（１１）の設問には回答せずに、（１２）の設問へお進みください。

	1. 過去３年以内に大工希望の新卒者を社員として雇用し、育成している。
	2. 今後3年以内に大工希望の新卒者を社員として雇用し、育成することを検討している。
	3. 当面、新たに大工を育成することは考えていない。

3に〇→理由について**当てはまるものすべてに〇**をつけてください。

	① 育成の意欲はあるが、育成のノウハウが無いため。
	② 育成の意欲はあるが、投資する余裕が無いため。
	③ 育成の意欲はあるが、一人前になると自社を離れてしまうことが多いため。
	④ 将来的にも十分に専属大工を確保できると考えているため。
	⑤ 事業を継続する予定が無いため。
	⑥その他

（１１）　（１０）にて1もしくは2に〇をつけた方にお尋ねします。<u>自社もしくは同業他社等と共同で大工を育</u>成する場合に、どのような大工を目標に育成していきたいか、**優先順位の高いものを5つ選び、高い順に番号を記入してください。**また、その理由をご記入ください。

1. 建て方から金物取付けができる大工（フレーマー）
2. プレカット構造材を用いた木造住宅を任せられる大工
3. 墨付け・手刻みの加工を要する木造住宅を任せられる大工
4. 内部木造造作ができる大工
5. 伝統的な和室造作ができる大工
6. 一般的な大工工事に加え、クロス、住設機器取付けなどの多能工的な他工事の施工ができる大工
7. 断熱仕様を理解して施工ができる大工
8. 工事管理ができる大工（監督）
9. 顧客対応ができる大工
10. その他

	1位	2位	3位	4位	5位
優先順位：					

上記の優先順位 とした理由：	

■貴社の経営に関してお答えください。

（１２）　経営者の年齢をご記入ください。

経営者の年齢：　　　　　　　歳代

（１３）　現段階での後継者の有無について〇をつけてください。

後継者：　　有　・　無

→「無」に〇を付けた方は今後の意向について当てはまるものに〇をつけてください。

	1. 後継者を養成する。
	2. 事業を売却もしくは廃業する。
	3. その他

アンケートは以上です。ご協力ありがとうございました。

最後に、差支えの無い場合は貴社名をご記入ください。

貴社名：　　　　　　　　　　　　　　　　　　　※任意

③ 調査 B 調査協力依頼書

平成 31 年 2 月吉日

一般社団法人全国住宅産業地域活性化協議会会員建材流通店各位

公益財団法人 日本住宅総合センター
国土交通省 住宅局 住宅生産課 木造住宅振興室

一般社団法人全国住宅産業地域活性化協議会

「大工・工務店による住宅建設における生産の実態把握に関する調査」
アンケート調査ご協力のお願い

拝啓　貴社ますますご清祥のこととお喜び申し上げます。

公益財団法人日本住宅総合センターでは、国土交通省住宅局住宅生産課木造住宅振興室の協力のもと、「大工・工務店による住宅建設における生産の実態把握に関する調査」事業を実施しております。この度、一般社団法人全国住宅産業地域活性化協議会様には、本事業の一環で実施する本アンケート調査にご協力いただくこととなりました。

国内における住宅供給の約1/3が在来木造戸建住宅であり、その半数（住宅供給全体の1/6）は中小の大工・工務店により供給されております。一方、建設業における就業者の高齢化・人手不足は問題化しており、殊に大工職の減少・高齢化、若年大工の減少は顕著であり、工務店数自体も減少している状況にございます。これらの状況を鑑みると、住宅の供給・維持管理を担える体制確保に向けた検討が喫緊の課題であると考えられます。

このため本事業では、この検討に先立ち、基礎となる大工・工務店の生産性の実態把握の調査と課題の抽出を進めております。

本アンケート調査は本事業の一環として、建材流通店を対象に、取引のある工務店等へのサービスの提供状況、建材流通店における大工の育成状況、一般的な大工育成の意向、建材流通店の今後の方向性等を把握することを目的として実施するものです。

なお、本アンケート調査は、事業主体である公益財団法人日本住宅総合センターより、株式会社現代計画研究所に調査委託の上で実施するものです。ご回答いただきました情報の取り扱いには十分に注意し、安全管理措置を講じます。

皆様におかれましてはご多用のことと存じますが、調査の目的・主旨をご理解いただき、状況やご意向をお聞かせください。ご協力のほど宜しくお願い申し上げます。

敬具

≪ご回答の方法≫

1. 回答は別紙の「調査票」（A4・5ページ）にご記入ください。
2. 記入済みの調査票を、平成31年2月22日（金）までに、郵送もしくはメールにて一般社団法人全国住宅産業地域活性化協議会事務局までご返信ください。
3. 本アンケート調査に関しましてご不明な点がございましたら、調査委託機関（株式会社現代計画研究所）までご連絡ください。

≪返信先≫	≪お問合せ先≫
〒104-0032 東京都中央区八丁堀 3-1-9　京橋北見ビル西館 7 階 TEL：03-3537-0287　FAX：03-3537-0288 e-mail：info@jyukatsukyo.or.jp 一般社団法人 全国住宅産業地域活性化協議会事務局	〒176-0012 東京都練馬区豊玉北 6-4-4-201 TEL：03 3994-8601　　FAX：03-3994-8603 e-mail：info@gkk-tokyo.com 株式会社現代計画研究所（担当者：熊谷）

※ご回答いただいた情報は、個人や会社を特定できる情報として外部に公表されることはございません。

④ 調査 B　調査票

<table>
<tr><td colspan="2">大工・工務店による住宅建設における生産の実態把握に関する調査
調査票</td></tr>
</table>

　「大工・工務店による住宅建設における生産の実態把握に関する調査」事業では、国内の建設業における大工職の減少・高齢化、若年大工の減少及び工務店数の減少に対し、住宅の供給・維持管理を担える体制確保に向けて検討するために、基礎となる大工・工務店の生産性の実態把握の調査と課題の抽出を進めております。

　本アンケート調査は本事業の一環として、建材流通店を対象に、取引のある工務店等へのサービスの提供状況、建材流通店における大工の育成状況、一般的な大工育成の意向、建材流通店の今後の方向性等を把握することを目的として実施するものです。ご多用のことと存じますが、ご協力のほど宜しくお願い申し上げます。

ご提出期限：**2月22日（金）**

ご提出方法：記入済みの調査票を郵送もしくはメールにて一般社団法人全国住宅産業地域活性化協議会事務局まで
　　　　　　ご返信ください。

※ご回答いただいた情報は、個人や会社を特定できる情報として外部に公表されることはございません。

以下の設問にご回答ください。

■貴社の所在地をお答えください。

（1）　貴社の所在地をご記入ください。

都道府県：　　　　　　　　　　　　　　　市町村：

■実質的に取引のある工務店等の傾向（平成29年度実績）をお答えください。

（2）　実質的に取引のある工務店等（以下ビルダーを含む）の数をご記入ください。また、その工務店等の年間新築戸建て住宅の着工数（平成29年度実績）ごとの数もしくは割合をご記入ください。

実質的に取引のある工務店等の数：　概ね　　　　　　　　　　　　社

うち

5棟未満：		社，	もしくは	割
5～10棟：		社，	もしくは	割
10～20棟：		社，	もしくは	割
20～50棟：		社，	もしくは	割
50～100棟：		社，	もしくは	割
100棟超過：		社，	もしくは	割

（3）　大工を自社で育成している工務店の数を、年間新築戸建て住宅の着工数（平成29年度実績）別にご記入ください。

10棟未満：　　　　　　　　社の工務店等が自社で大工を育成している。

10～20棟：　　　　　　　　社の工務店等が自社で大工を育成している。

20棟超過：　　　　　　　　社の工務店等が自社で大工を育成している。

（4）実質的に取引のある工務店等の動向をご記入ください。

過去5年（平成25年以降）に、廃業・売却等により減じた工務店等の数：　　　　　　社

過去5年（平成25年以降）に、新規開業した工務店等の数：　　　　　　社

→他業種であった会社が工務店化する事例が見られます。新規開業した工務店等の元の業種
（出身母体）について、それぞれ何社程度あるかご記入ください。

大工：　　　　　　社程度

建材流通店：　　　　　　社程度

設計事務所：　　　　　　社程度

その他：　　　　　　社程度　→その他の内容：

■貴社の工務店等への営業支援及び技術支援の提供状況についてお答えください。

（5）貴社が提供している支援について、工務店等の利用状況をお答えください。各支援内容について、提供
していない場合は「提供していない」の欄に〇をつけ、提供している場合は、貴社と実質的に取引のあ
る工務店等のうち何割がその支援を利用しているか、該当する割合の欄に〇をつけてください。

営業的な支援の内容	提供して いない	工務店等の利用割合			
		1〜3割	4〜6割	7〜9割	ほぼ全社
・土地情報の提供・土地探し					
・資金計画の作成支援					
・保険・保証関連手続きの支援					
・集客サポート （ショールームの設置、イベント開催等）					
・その他					

技術的な支援の内容	提供して いない	工務店等の利用割合			
		1〜3割	4〜6割	7〜9割	ほぼ全社
・営業設計支援 （例：平面図作成、立面図作成、パース作成等）					
・構造設計支援 （例：伏図の作成、壁量計算、構造計算等）					
・積算支援					
・確認申請書の作成支援					
・住宅性能表示制度への申請支援					
・長期優良住宅認定制度への申請支援					
・省エネに関する情報提供 （例：最新機器紹介、講習会開催等）					
・ゼロエネルギー住宅計画支援					
・地域型住宅グリーン化事業への申請支援					
・その他					
・その他					

■貴社における工務店等への職人の人材情報の提供状況についてお答えください。

(6) 貴社における工務店等への職人の人材情報の提供状況（1〜4）について、**当てはまるものひとつに**〇を
つけてください。また、今後の意向についても当てはまるものに〇をつけてください。

1. 提供していない。
　　①今後提供していきたい→
　　　　A. 営業担当者に任せる形を想定
　　　　B. 社内で情報共有して提供する形を想定
　　　　C. 他社他団体等と共同で提供する形を想定
　　　　　　→具体的に
　　②今後も提供していく予定はない。

2. 営業担当者が各自で提供している。
　　①今後も営業担当者に任せる形を継続する予定
　　②今後は社内で情報共有して提供する形に移行する予定
　　③今後は他社他団体等と共同で提供する形に移行する予定
　　　　→具体的に
　　④人材情報提供を縮小するもしくはやめる予定

3. 社内で職人の人材情報を共有し、提供している。
　　①今後も社内で情報共有して提供する形を継続する予定
　　②今後は他社他団体等と共同で提供する形に移行する予定
　　　　→具体的に
　　③人材情報提供を縮小するもしくはやめる予定

4. 他社・他団体等と共同で職人の人材情報を提供している。
　　→具体的に
　　①今後も他社他団体等と共同で提供する形を継続する予定
　　②今後は社内のみで情報を共有し提供する形に移行する予定
　　③人材情報提供を縮小するもしくはやめる予定

(7) 次の職種について、工務店等からの人材情報の**提供依頼が多いものを5つ選び、多い順に数字**をご記入く
ださい。

1. 基礎　　　　2. 大工　　　　3. 左官　　　　4. 板金　　　　5. 建具家具
6. 内装　　　　7. 電気　　　　8. 監督　　　　9. 設計

	1位	2位	3位	4位	5位
多い順：					

■材工サービスの実施状況についてお答えください。

(8) 次の選択肢の各材工サービスについて、貴社の実施状況もしくは意向に当てはまるものを「実施中」、
「予定・検討中」、「予定なし」の中から該当する欄に〇をつけてください。屋根工事を実施している
場合は、対応している屋根の種類（コロニアル、瓦等）をご記入ください。

材工サービスの内容	実施中	予定・検討中	予定なし
建て方			
断熱工事			
内装木工事全般			
内装工事〔木工事以外(ボード張り・クロス等)〕			
サッシ工事			
外壁工事			
屋根工事　　　種類：			

■貴社における大工の雇用状況及び育成状況についてお答えください。

　建材流通店によっては、自社で大工を雇って育成している会社もあり、そのような取組みの状況を把握したいと思っております。

（９）　貴社における大工の雇用状況について、**当てはまるものひとつに〇をつけてください。**1に〇をつけた方は雇用期限をご記入ください。1もしくは2に〇をつけた方は、自社雇用を始めた動機をご記入くださ

　　　　□　1. 期限付きで自社雇用（社会保険適用）している。・・・・・・・　雇用期限：□□年

　　　　□　2. 期限無しで自社雇用（社会保険適用）している。

　　　　　　　1もしくは2→自社雇用を始めた動機：□□□□□

　　　　□　　3. 自社で大工は雇用していない。

（１０）　貴社における大工の育成状況について、**当てはまるものすべてに〇をつけてください。**1〜4に〇をつけた方は、動機・理由をご記入ください。5のみに〇をつけた方は、（１１）の設問には回答せずに、（１２）の設問へお進みください。

　　　　□　1. 自社で育成している。

　　　　□　2. 他団体・他社等と共同して育成している。

　　　　　　　協力相手として当てはまるものに〇をつけてください（複数可）。

　　　　　　　□　① 社外の大工（親方）　　　□　② 工務店　　　□　③ 工務店団体

　　　　　　　□　④ 全建総連系団体　　　　　□　⑤ 教育支援機関　　　　⑥ 他の建材流通店

　　　　　　　□　⑦ その他→□□□□

　　　　　　　1もしくは2→育成を始めた動機：□□□□□

　　　　□　3. 現段階では育成していないが、今後、自社で育成する予定である。

　　　　□　4. 現段階では育成していないが、今後、他団体・他社等と共同で育成する予定である。

　　　　　　　3もしくは4→育成を予定している理由：□□□□□

　　　　□　5. 現段階で育成しておらず、今後も育成する予定はない。

（１１）　（１０）にて1〜4に〇をつけた方にお尋ねします。自社もしくは同業他社等と共同で大工を育成する場合に、どのような大工を目標に育成していきたいか、**優先順位の高いものを5つ選び、高い順に**番号を記入してください。6を選んだ方は「多能工的な大工」について重視する技能もお答えください。

　　　1. 建て方から金物取付けができる大工（フレーマー）
　　　2. プレカット構造材を用いた木造住宅を任せられる大工
　　　3. 墨付け・手刻みの加工を要する木造住宅を任せられる大工
　　　4. 内部木造造作ができる大工
　　　5. 伝統的な和室造作ができる大工
　　　6. 一般的な大工工事に加え、クロス、住設機器取付けなどの多能工的な他工事の施工ができる大工
　　　7. 断熱仕様を理解して施工ができる大工
　　　8. 工事管理ができる大工（監督）
　　　9. 顧客対応ができる大工
　　　10. その他　□□□□

	1位	2位	3位	4位	5位
優先順位：					

　　　6を選んだ方→　多能工な技能のうち**最も重視するものに〇をつけてください。**

　　　　　□　①内装クロス張り　　　　　□　②住設機器の取り付け

　　　　　□　③電気工事　　　　　　　　□　④その他

55

（１２）　工務店等が大工の新規入職者を確保していくために、どのような方策が必要だと考えられますか？**重要と思われるものを5つ選び、重要な順に数字をご記入ください。8を選んだ方は、矢印に従い追加の設問**（A〜C）にもお答えください。

	1位	2位	3位	4位	5位
重要な順：					

1. 大工の就労環境（休日・報酬）の改善・明確化
2. 大工の長期的な社員化、社会保険の適用
3. 大工の仕事のPR（高校等での説明会実施、一般消費者への周知）
4. 入職時の入職者に対する初期費用の支援（道具類等）
5. 大工技能の継続的な向上の支援（研修・講習受講等の支援）
6. 大工の技術に関する資格取得支援・キャリアパスの明確化
7. 同年代の仲間との交流の場の確保
8. 他社・他団体等と協力した大工の育成体制の整備
9. その他

A. 協力相手として当てはまるものに〇をつけてください（複数可）。

	① 社外の大工（親方）		② 他の工務店		③ 工務店団体
	④ 全建総連系団体		⑤ 教育支援機関		⑥ 建材流通店
	⑦ その他→				

B. 8を選んだ理由について**当てはまるものすべてに〇**をつけてください。

- ① 工務店一社のみでは経済的負担が大きい。
- ② 工務店の社内に教えられる人材・技術が無い。
- ③ 系統的なプログラムで訓練ができると思われる。
- ④ 新しい知識・技術の習得が期待できる。
- ⑤ その他

C. 育成内容・方法のイメージがございましたらご記入ください。

　建材流通店によっては工事自体を受注する会社もあり、建材流通店の工事受注の実態及び今後の方向性を把握したいと思っております。

（１３）　貴社における新築工事の受注（平成29年度実績）の有無について〇をつけてください。

　　　　新築工事の受注（平成29年度実績）：　　有・無

　　　　「有」に〇を付けた方は工事件数、物件の内訳及び今後の方向性についてお答えください。

　　　　新築住宅の工事件数（平成29年度実績）：　　　棟　　　　　うち、注文住宅：　　　棟

　　　　　　　　　　　　　　　　　　　　　　　　　　　　　　分譲住宅：　　　棟

　　　　　　　　　　　　　　　　　　　　　　　アパート等の賃貸住宅：　　　棟

　　　　今後の方向性：

　　　　　　　1. 受注を継続・拡大　　　　　2. 受注を減らす　　　　　3. 受注をやめる

（１４）　貴社におけるリフォーム工事の受注（平成29年度実績）の有無について〇をつけてください。

　　　　リフォーム工事の受注（平成29年度実績）：　　有・無

　　　　「有」に〇を付けた方は今後の方向性についてお答えください。

　　　　今後の方向性：

　　　　　　　1. 受注を継続・拡大　　　　　2. 受注を減らす　　　　　3. 受注をやめる

アンケートは以上です。ご協力ありがとうございました。
最後に、差支えの無い場合は貴社名をご記入ください。

　　　　　貴社名　　　　　　　　　　　　　　　　　　　　　　　　　※任意

（2）工務店等を対象としたアンケート調査の結果及び分析

1. 回答のクリーニングについて

　集計に際し、回答を次の通りクリーニングした。

① 設問（3）及び（4）において、いずれかに記入があり、他の欄が無回答であった場合は、その無回答を0とみなした。

② 設問（3）及び（4）の回答より算出した新築工事単価（万円/棟）が2億円/棟以上または800万円/棟以下の回答を対象に、工事高を「万円」で記入するものに対し、桁数を誤っていると思われるものを修正した。設問（2）の正社員数より会社規模より判断したが、判断の難しい回答は無効とした。また、新築工事の件数を記入するものに対し、リフォーム件数を含む件数を思われるものは、回答を無効とした。

③ 設問（5）の「その他を含む全体の売り上げ」に対し、その他の売り上げを回答しているものが多く見られた〔設問（3）及び（4）の合計よりも小さい額を記入している等〕。全体の売り上げかその他の売り上げか判断が難しいため、設問（5）を無効とした。

④ 設問（6）の大工と知り合った経緯を多い順に数字を記入するものに対し、紹介された大工の人数を回答しているものは、人数が多い順に番号を振った。また、「その他」の内容について、「ハローワーク」、「ハローワーク等」、「ハローワーク・民間人材紹介」及び「ハローワーク他」を「ハローワーク等」に、「親族」、「家族」、「親子」、「親子関係」、「子供」、「息子」、「兄弟」、「父」、「家族、弟」及び「自営業、家族」を「経営者の子供、兄弟等」に纏めて、他の選択肢と同レベルに扱って集計した。

⑤ 設問（8）において、すべてに「○」を付けており、人数の欄が空欄であった回答が2件あった。「○」ではなく、人数の「0」とみなした。

⑥ 設問（13）において後継者「無」の今後の意向の「その他」の内容について、「未定」、「考えていない」、「まだ考えてない」、「まだそこまで考えていない」、「今はまだ考えていない」、「現在のところ、今後の事は考えていない」、「具体的に考えていない」、「現段階では何も考えていない」、「方向が決まっていない」、「わからない」、「まだわからない」、「？」、「不明」、「今後、検討していく」、「検討中」、「検討段階」及び「考え中」を「未定、検討中、不明、考えていない等」に纏めて、他の選択肢と同レベルに扱って集計した。

2. 集計結果及び分析

2.1 回答件数 設問(1)

全回答714件について内訳を表3-2-1、表3-2-2及び図3-2-1に示す。なお本報告書の表中及び図中においては、「中核市もしくは施行時特例市」を「中核市・特例市」と表記する。

地方別に見ると、「中国・四国」は全体の29.6%を占める。特に、山口県からの回答が多く「中国・四国」の回答の6割強を占めており、四国からの回答は4%に満たない。また、「九州・沖縄」は長崎県、鹿児島県、福岡県からは20件以上の回答があったが、大分県、宮崎県、沖縄県からの回答は無い。

回答者所在地を地方公共団体で分類すると、「市」が最も多く、次いで「中核市もしくは施行時特例市」からの回答が多い。地方別に見ると、「北海道」は「指定都市」からの回答数が「市」からの回答数より多く、「九州・沖縄」は「市」よりも「中核市もしくは施行時特例市」からの回答数が多かった。また、「北陸・甲信越」は「指定市」からの回答は無い。

なお、「特別区」は4件のみであったため、本調査において「特別区」については分析せずに参考の扱いとした。また、所在地が無回答であった2件は、全体の集計には回答を反映させるが、地方別及び地方公共団体別のグラフは省略する。

表3-2-1 都道府県別回答件数

地方分類	都道府県件数（カッコ内の数字が件数）	件数	割合(%)
北海道	北海道（26）	26	3.6
東北	青森（0）岩手（17）宮城（6）秋田（0）山形（8）福島（6）	37	5.2
関東	茨城（12）栃木（0）群馬（13）埼玉（27）千葉（6）神奈川（12）東京（15）	85	11.9
北陸・甲信越	新潟（11）富山（0）石川（21）福井（38）山梨（22）長野（18）	110	15.4
中部	岐阜（15）静岡（16）愛知（32）三重（4）	67	9.4
近畿	滋賀（28）京都（2）大阪（18）兵庫（3）奈良（3）和歌山（4）	58	8.1
中国・四国	鳥取（21）島根（9）岡山（31）広島（8）山口（134）徳島（2）香川（6）愛媛（0）高知（0）	211	29.6
九州・沖縄	福岡（20）佐賀（7）長崎（55）熊本（5）大分（0）宮崎（0）鹿児島（31）沖縄（0）	118	16.5
無回答		2	0.3
合計		714	100.0

表3-2-2 地方公共団体別の回答件数

	指定都市	中核市・特例市	市	町・村	特別区	無回答	合計
北海道	13	2	11	0	0	0	26
東北	3	4	29	1	0	0	37
関東	13	23	41	4	4	0	85
北陸・甲信越	0	43	53	13	0	1	110
中部	7	11	40	9	0	0	67
近畿	6	9	32	11	0	0	58
中国・四国	11	46	145	9	0	0	211
九州・沖縄	12	51	40	15	0	0	118
無回答	0	0	0	0	0	2	2
合計	65	189	391	62	4	3	714
割合（%）	9.1	26.5	54.8	8.7	0.6	0.4	100

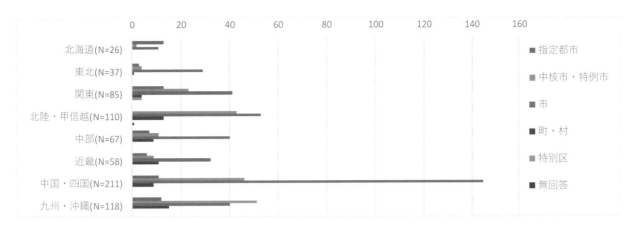

図 3-2-1 回答件数の内訳（件）

2.2 正社員数 設問（2）

回答の半数近くが正社員 1～5 人の工務店等である。

正社員数を地方別に図 3-2-2 に示す。

全体を見ると、正社員が 10 人以下との回答が 74.7%（533 件）を占めている。その中でも 1～5 人の回答が多く、49.6%（354 件）である。全体の平均は 1 社あたり 9.96 人である。「近畿」は 10 人以下と回答した割合が高く、80.9%（47 件）、うち 1～5 人の回答が 60.3%（35 件）である。

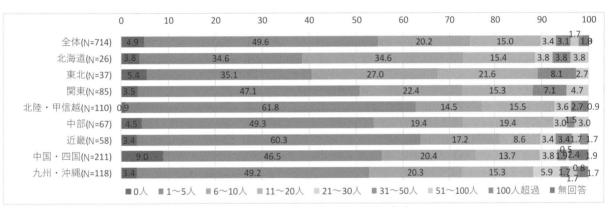

図 3-2-2 正社員数・地方別の割合（%）

2.3 年間元請け実績及び年間下請け実績 設問（3）（4）

元請け新築工事高は 1～2 億円/年が多く、元請けリフォーム工事高、下請け新築工事高及び下請けリフォーム工事高は 3 千万円未満/年が多い。元請け工事高（新築＋リフォーム）は 1～2 億円/年、下請け工事高は 3 千万円未満/年が多い。

平成 29 年度実績の元請け新築工事高及び元請けリフォーム工事高を図 3-2-3 に、下請け請け新築工事高及び下請けリフォーム工事高を図 3-2-4 に、元請け実績及び下請け実績を図 3-2-5 に示す。

全体の年間元請け新築工事高は 1～2 億円の回答が最も多く、年間元請けリフォーム工事高は 3 千万円未満が目立って多い。年間下請け新築工事高は 3 千万円未満が多く、年間下請けリフォーム工事高は 3,000 万円未満が目立って多い。年間元請け工事高（新築＋リフォーム）は 1～2 億円の回答が最も多く、年間下請け工事高は 3 千万円未満が目立って多い。

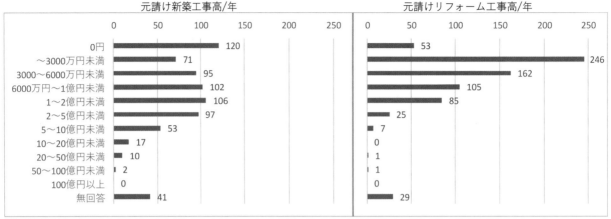

無回答を除いた平均：2億3,485万円
無回答及び「0円」を除いた平均：2億8,581万円

無回答を除いた平均：7,097万円
無回答及び「0円」を除いた平均：7,693万円

図 3-2-3 元請け実績 回答数（件）（N=714）

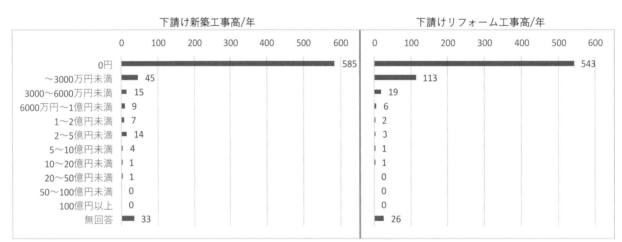

無回答を除いた平均：2,372万円
無回答及び「0円」を除いた平均：1億6,829万円

無回答を除いた平均：748万円
無回答及び「0円」を除いた平均：3,552万円

図 3-2-4 下請け実績 回答数（件）（N=714）

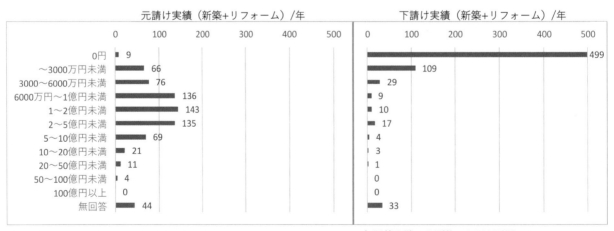

無回答を除いた平均：3億729万円
無回答及び「0円」を除いた平均：3億1,148万円

無回答を除いた平均：3,112万円
無回答及び「0円」を除いた平均：1億1,645万円

図 3-2-5 元請け実績及び下請け実績 回答数（件）（N=714）

元請け工事高+下請け工事高は 1〜5 億円/年が多い。1 億円/年に満たない工務店のほとんどが年間新築 5 棟未満の工務店で、中国・四国、近畿に多く見られ、関東、中部は比較的少ない。地方公共団体規模 が小さくなると 3 千万円/年未満が多くなる。

年間元請け工事高と年間下請け工事高を足した額を図 3-2-6 及び図 3-2-8 に示す。

全体を見ると、1 億〜2 億円、2 億〜5 億円の回答者が多く、それぞれ 21.6%（154 件）、20.7% （148 件）、合計すると 42.3%（302 件）である。1 億円未満の割合を見ると、割合が高い地方は 「中国・四国」及び「近畿」であり、それぞれ 50.8%（107 件）、44.8%（26 件）で、1 億円未満 の割合が低い地方は、「関東」及び「中部」でそれぞれ 23.5%（20 件）、22.4%（15 件）である。 「北海道」で「5〜10 億円未満」の割合が目立って高い。

地方公共団体別に見ると、規模（＝人口規模）が小さくなるにつれて、3 千万円未満の割合が高 くなる。しかし、「町・村」における 2 億円以上の割合は、「中核市もしくは施行時特例市」と同程 度で 4 割以上を占めており、「町・村」における工事実績の高低は二極化している。「市」において は、6 千万円〜2 億円未満の割合が他の市町村分類に比べて高く、41.5%（162 件）である。

年間新築住宅元請棟数別に見ると、1 億円未満の回答は「5 棟未満」がほとんどである。当然で はあるが、年間新築住宅元請棟数が増すにつれて、工事高も増す。

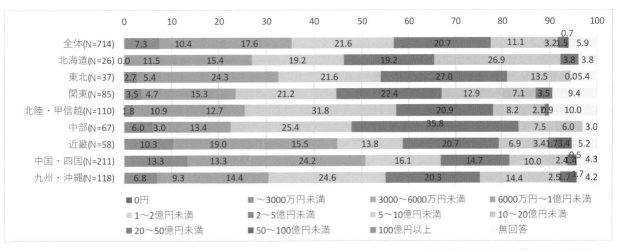

※凡例は図 3-2-6 及び図 3-2-7 共通

図 3-2-6 元請け工事高と下請け工事高の合計額 地方別の割合（％）

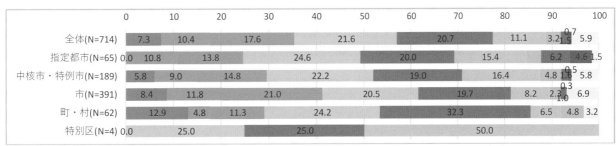

図 3-2-7 元請け工事高と下請け工事高の合計額 地方公共団体別の割合（％）

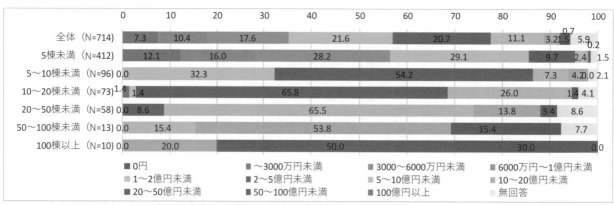

図 3-2-8 元請け工事高と下請け工事高の合計額 年間新築住宅元請棟数別の割合（%）

> 元請け：下請けは、7 割強は元請け 10 割。比較的下請けをしている近畿、関東、北海道。また、町村での下請けが多い。

　各回答の元請け工事高と下請け工事高の割合「元請け工事高：下請け工事高」を算出し、集計した結果を図 3-2-9～図 3-2-11 に示す。なお、10：0 もしくは 0：10 と算出されたものであっても、いずれかの実績が一方の実績に対し 0.5 割未満である場合も含まれているため、必ずしもいずれかの実績が全くないと判断できるものではない。

　全体を見ると、元請け 10 割が最も多く、73.2%（523 件）である。「近畿」は下請け実績の方が高い回答の割合が比較的高く、元請け：下請けが 4：6～0：10 の割合が 10.2%（6 件）で、次いで「関東」が 8.3%（7 件）、「北海道」が 7.6%（2 件）である。

　地方公共団体別で見ると、「町・村」において下請け実績の方が高い回答の割合が比較的高く、元請け：下請けが 4：6～0：10 の割合が 11.2%（7 件）であるが、次いで指定都市の割合が高く、規模の大小による傾向は見られない。

　年間新築住宅元請棟数別に見ると、「100 棟以上」の回答群はすべて元請け 10 割である。

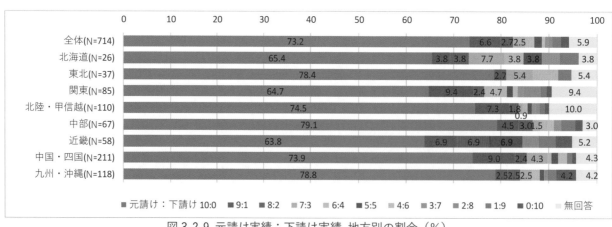

図 3-2-9 元請け実績：下請け実績 地方別の割合（%）

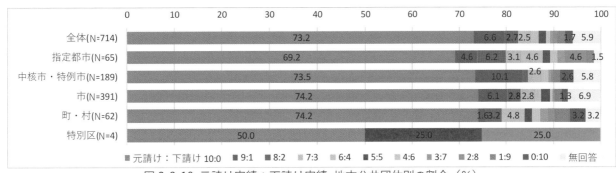

図 3-2-10 元請け実績：下請け実績 地方公共団体別の割合（％）

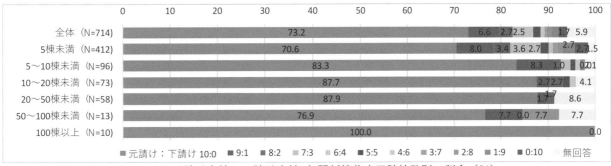

図 3-2-11 元請け実績：下請け実績 年間新築住宅元請棟数別の割合（％）

2.4 年間新築住宅元請け棟数及び年間新築住宅下請け棟数 設問（3）（4）

元請け棟数 5 棟未満の工務店等が多い。下請けをしている工務店等も 5 棟未満が多い。年間新築住宅元請け棟数が 5 棟未満の工務店等の割合が高い中国・四国。

平成 29 年度実績の年間新築住宅元請け棟数及び年間新築住宅下請け棟数を図 3-2-12 に示す。また、年間新築住宅元請け棟数を図 3-2-13 及び図 3-2-14 に示す。

全体の年間新築住宅元請け棟数は 5 棟未満が多く、年間新築住宅下請け棟数も 0 棟を除くと 5 棟未満が多い。

年間新築住宅元請け棟数を地方別に見ると、「中国・四国」にて「0 棟」を「1〜5 棟未満」足した割合が高く（66.3%）、次いで「東北」で 64.9%であり特に「1〜5 棟」の割合が高く 62.2%である。「5〜10 棟未満」の割合が低い（8.1%）。「中部」では「5〜10 棟未満」の割合が他の地方と比較して高く（22.4%）、「九州・沖縄」では「20〜50 棟未満」の割合が他の地方と比較して高い（14.4%）。

地方公共団体別に見ると、「市」において「1〜5 棟未満」の割合が他の分類と比較して高く、「町・村」において「10〜20 棟未満」の割合が他の地方公共団体分類と比較して高い。

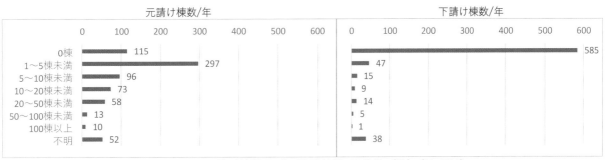

図 3-2-12 元請け棟数及び下請け棟数 回答数（件）（N=714）

63

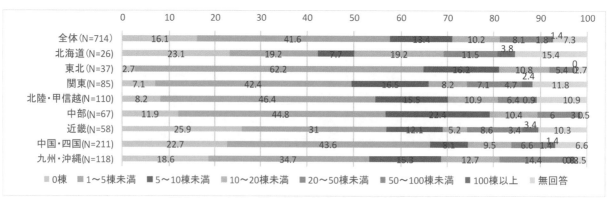

図 3-2-13 年間元請け棟数 地方別の回答割合（%）

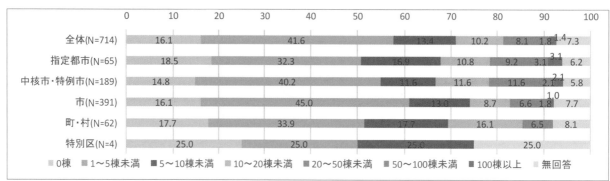

図 3-2-14 年間元請け棟数 地方公共団体別の回答割合（%）

2.5 元請け新築工事単価及び下請け新築工事単価 設問(3)(4)

元請け新築工事単価は 2 千万～3 千万円（工事高/棟）が多く、特に町・村で多い。2 千万円未満の割合は西日本の方が高い。2 千万円未満の割合は着工棟数が増すと高くなる。

　元請け新築工事高を棟数で除して元請け新築工事単価（工事高/棟）を算出し、集計した結果を図3-2-15～図 3-2-17 に示す。

　元請け新築工事単価について全体を見ると、2 千～3 千万円/棟が最も多く 39.2%（280 件）である。2 千万円未満/棟の割合は西日本において高く、特に「近畿」では、39.7%（23 件）である。しかし、「近畿」の 3 千万円以上/棟の割合は「関東」に次いで 2 番目に高く、元請け新築工事単価が比較的万遍なく分布している。

　地方公共団体別に見ると、「町・村」における 2 千～3 千万円/棟の割合が比較的高く、46.8%（29 件）である。1 億円/棟以上の割合は全体で 1.0%と少数であるが、この割合は地方公共団体規模が大きくなるほど高くなる。

　年間新築住宅元請棟数別に見ると、5 棟以上を見ると、棟数が増すにつれて「1 千万～2 千万円」の割合が高くなる。

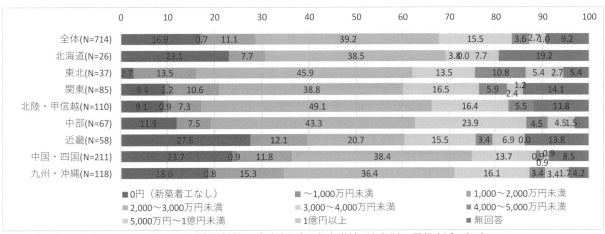

図 3-2-15 元請け新築工事単価（工事高/棟）地方別の回答割合（%）

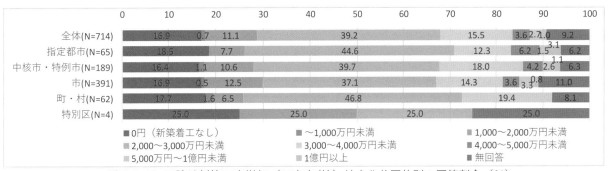

図 3-2-16 元請け新築工事単価（工事高/棟）地方公共団体別の回答割合（%）

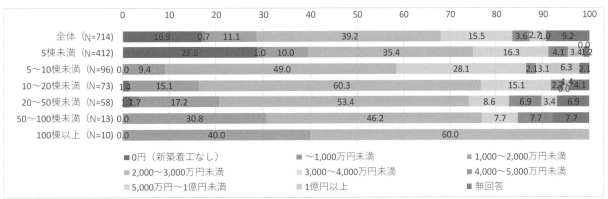

図 3-2-17 元請け新築工事単価（工事高/棟）年間新築住宅元請棟数別の回答割合（%）

> 下請けで新築工事を請けていない工務店等が 8 割強。工事単価は 1 千万円未満（工事高/棟）が多いが、
> 東北は 1 千万～2 千万円の割合が高い。

　下請け新築工事高を棟数で除して下請け新築工事単価（工事高/棟）を算出し、集計した結果を図
3-2-18～図 3-2-20 に示す。

　下請け新築工事単価（工事額/棟）は、下請けで新築工事を受注していない（＝0 円）割合が最も
高く、全体を見ると 82.4%（588 件）である。下請け新築工事単価（工事額/棟）は、1 千万円/棟
未満の割合が高いが、「東北」においては 1 千～2 千万円/棟の割合が高い。

　地方公共団体別の傾向は特に見られない。

年間新築住宅元請棟数別に見ると、「1千万円未満」は「5棟未満」における割合が比較的高く、「50〜100棟」において、下請けをしている回答割合が高い。

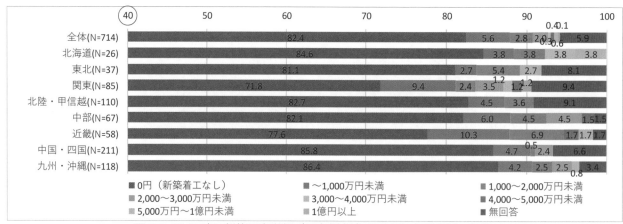

図 3-2-18 下請け新築工事単価（工事額/棟）地方別の回答割合（%）

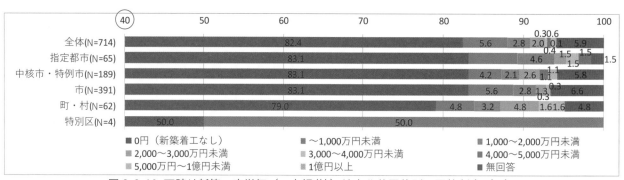

図 3-2-19 下請け新築工事単価（工事額/棟）地方公共団体別の回答割合（%）

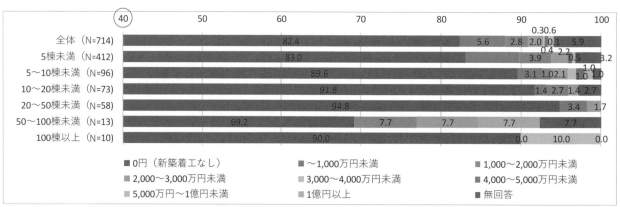

図 3-2-20 下請け新築工事単価（工事額/棟）年間新築住宅元請棟数別の回答割合（%）

2.6 新築実績とリフォーム実績の割合　設問(3)(4)

リフォーム10割よりも新築10割の工務店数が若干多く、6割強の工務店が新築工事高の方が高い。新築工事高の方が高い工務店の割合が高い東北、低い中国・四国。年間新築棟数が増すほど新築指向が高い。

元請け及び下請けの新築工事高及びリフォーム工事高より、「新築：リフォーム」の割合を算出し、集計した結果を図 3-2-21〜図 3-2-23 に示す。なお、10：0 もしくは 0：10 と算出されたもの

66

であっても、いずれかの工事高が一方の工事高に対し0.5割未満である場合も含まれているため、必ずしもいずれかの工事高が全くないと判断できるものではない。

全体を見ると、新築10割が14.3%（102件）でリフォーム10割が13.2%（94件）であり、10：0～6：4は、61.6%である。

地方別に見ると、新築10割の割合が比較的高いのは「九州・沖縄」で22.0%（26件）、次いで「北海道」が19.2%（5件）である。リフォーム10割の割合が比較的高いのは、「近畿」で22.4%（13件）、次いで「中国・四国」が21.3%（45件）、「北海道」が19.2%（5件）である。10：0～6：4の割合が最も高いのは「東北」で86.5%（32件）でリフォーム10割の回答は無く、最も低いのは「中国・四国」で56.4%（119件）である。地方公共団体別に見ると、新築10割の割合は「中核市もしくは施行時特例市」及び「町・村」で比較的高い。

年間新築住宅元請棟数別に見ると、年間棟数が増すにつれて新築10割の割合が高くなる。「100棟以上」は新築10割もしくは9割のみである。「5棟未満」は、10：0～0：10まで万遍なく回答があり、リフォームの工事高の方が高い旨の回答割合が他の分類と比較して最も高い。5棟以上になると、9割以上が新築の工事高の方が高い。

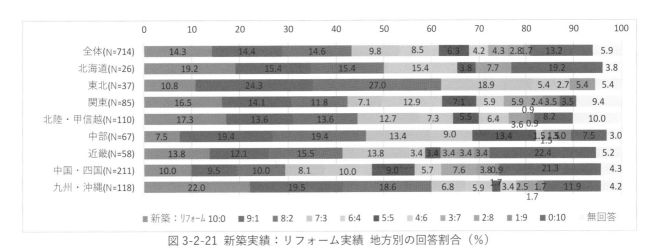

図 3-2-21 新築実績：リフォーム実績 地方別の回答割合（％）

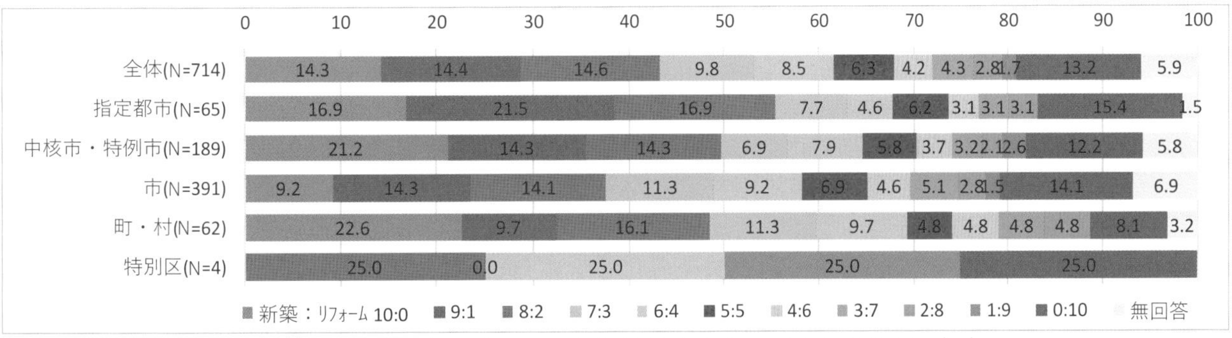

図 3-2-22 新築実績：リフォーム実績 地方公共団体別の回答割合（％）

67

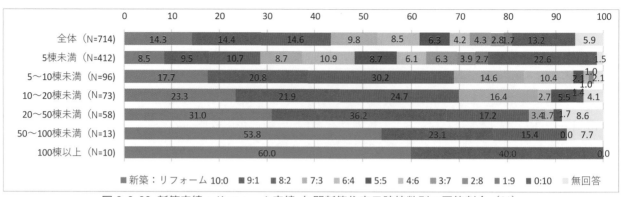

図 3-2-23 新築実績：リフォーム実績 年間新築住宅元請棟数別の回答割合（％）

2.7 大工の雇用・提携状況 設問(6)

社員大工を雇っている工務店は全体の3分の1程度で、雇用している工務店数の割合が高い東北、北海道、低い関東、九州。専属大工（社会保険等負担無し）とは6割弱の工務店が提携しており、中部、九州、北海道での提携割合が高い。社会保険等を一部負担して専属大工と提携することはほとんど無い。

社会保険が適用される形で自社雇用している大工（以下、社員大工とする）の人数を図 3-2-24 に、社会保険等を一部負担して専属で提携している大工の人数を図 3-2-25 に、社会保険等の負担はせずに専属で提携している大工の人数を図 3-2-26 に示す。また、全体もしくは各地方の1社あたりの人数及び「その他の大工に頼っている割合」図 3-2-27 に示す。なお、「その他の大工に頼っている割合」とは、社員大工、専属大工いずれにも頼っていない（いずれの回答欄にも0を記入もしくは無回答）回答数を全体の総回答数もしくはその地方における総回答数で除した割合であり、参考までにグラフにプロットした。

全体を見ると、社員大工を雇用している回答は33.9%で雇用人数は「1～2人」が多い。社会保険等一部を負担して専属大工と提携している回答は4.2%とほとんど無い。社会保険等の負担はせずに専属大工と提携している回答は58.0%で提携人数は「1～2人」が多い。

地方別に見ると、「東北」において社員大工を雇用している割合が他の地方と比較して高く（62.2%）、雇用人数は「6～10人」が最も多い（24.3%）。次いで「北海道」（50%）、最も低いのは「関東」（27.1%）及び「九州・沖縄」（28.0%）である。社会保険等の負担はせずに専属大工と提携している割合は、「中部」の割合が最も高く（68.7%）、提携人数は「1～2」人が最も多い（32.8%）。次いで、「九州・沖縄」（66.1%）及び「北海道」（65.4%）で、共に提携人数は「3～5人」が最も多い（28.8%及び30.8%）。

社員大工の平均人数は全体で1.1人/社で、地方別に見ると、「東北」が最も多く4.6人/社、最も少ないのは「九州・沖縄」の0.6人/社であり、図 3-2-19 と整合する。専属大工（社会保険負担なし）は、「近畿」が最も多く5.0人/社、最も少ないのは「東北」で2.4人/社であるが、図 3-2-21 を見ると「近畿」は全体との大きな差は無いため、回答最大値の「136人」により人数が引きあがっていると考えられる。最大値を除いた平均は、2.7人/社であり、全体平均をやや下回る。「近畿」を除くと「関東」（3.9人/社）、「北海道」（3.7人/社）が多い。「その他の大工」の定義が曖昧ではあるが、算出した結果を参考までに見ると、「近畿」及び「北陸・甲信越」が高く、31.0%及び30%、最も低かったのは「北海道」で3.8%である。

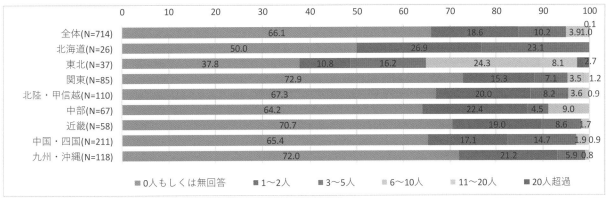

回答最大値：38 人（東北）

図 3-2-24 社会保険が適用される形で自社雇用している大工の数 地方別の回答割合（％）

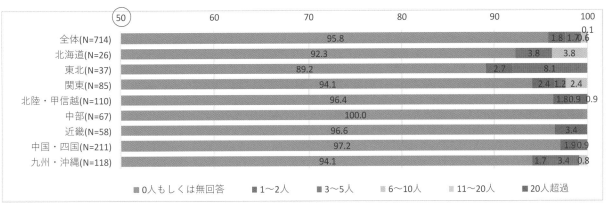

回答最大値：25 人（北陸・甲信越）

図 3-2-25 社会保険等を一部負担して専属で提携している大工の数 地方別の回答割合（％）

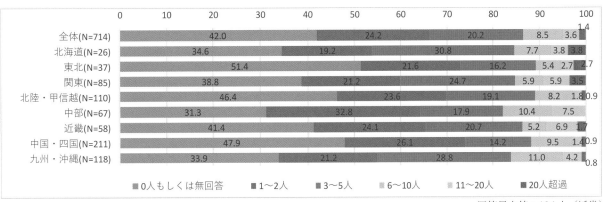

回答最大値：136 人（近畿）

図 3-2-26 社会保険等の負担はせずに専属で提携している大工の数 地方別の回答割合（％）

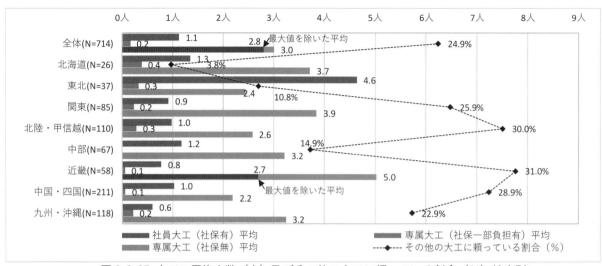

図 3-2-27 大工の平均人数（人）及びその他の大工に頼っている割合（％）地方別

2.8 社員大工の新規雇用・退職の状況（過去 3 年以内） 設問(7)

社員大工の退職があった工務店数よりも新規雇用のあった工務店数の方が若干多く、全体の退職者人数合計より新規雇用人数合計の方が多い。新卒割合が低く 3 年未満退職割合が高い北海道。新規雇用も退職も多く、勤続 20 年以上での退職が多い東北。新規雇用も退職も少ない関東。新卒雇用割合が高い近畿、低い北海道・九州。

過去 3 年以内の社員大工の新規雇用人数及び退職者人数の合計を表 3-2-3 に示す。退職者の勤続年数は、新卒者に限ったものでは無いが、参考値として「新卒者人数-勤続年数 3 年未満退職者人数」及び「新卒者人数÷勤続年数 3 年未満退職者人数（％）」も算出した。

単純計算ではあるが、過去 3 年の社員大工新規雇用人数の全体合計は、社員大工退職者人数の全体合計よりも 29 人多い。特に「九州・沖縄」は 27 人増である。一方、近畿（18 人減）、東北（12人減）及び関東（9 人減）は減少傾向にある。新規雇用における新卒者は 226 人中 116 人で 44.1％を占める。新規雇用における新卒者の割合が最も高い地方は「近畿」で 92.9％、最も低いのは「北海道」で 18.8％である。勤続 3 年未満の退職者は 234 人中 78 人で 33.3％を占める。勤続 3 年未満の退職者の割合が最も高いのは「北海道」で 57.1％、最も低いのは「東北」で 19.5％である。

表 3-2-3 過去 3 年以内の社員大工の新規雇用人数及び退職者人数

地方分類	新規雇用人数合計（人）	退職者人数合計（人）	新規雇用-退職者人数（人）	新卒雇用人数合計（人）	新卒雇用÷新規雇用（％）	勤続 3 年未満退職者人数合計（人）	勤続 3 年未満退職÷退職者（％）	新卒-3 年未満退職（人）（参考値）	3 年未満退職÷新卒（％）（参考値）
全体	263	234	29	116	44.1	78	33.3	38	67.2
北海道	16	7	9	3	18.8	4	57.1	-1	133.3
東北	29	41	-12	16	55.2	8	19.5	8	50.0
関東	13	22	-9	7	53.8	6	27.3	1	85.7
北陸・甲信越	43	27	16	12	27.9	10	37.0	2	83.3
中部	21	18	3	15	71.4	7	38.9	8	46.7
近畿	28	46	-18	26	92.9	11	23.9	15	42.3
中国・四国	65	52	13	27	41.5	24	46.2	3	88.9
九州・沖縄	48	21	27	10	20.8	8	38.1	2	80.0

新規雇用状況を図3-2-28に、新卒での新規雇用状況を図3-2-29に示す。

全体の18.8%（134件）が過去3年以内に新規雇用をしており、8.8%（63件）が新卒雇用した。特に「東北」は半数近い48.6%が新規雇用をしており、新卒雇用をした割合も最も高く32.4%である。新規雇用をした旨の回答が次いで高いのは「北海道」で26.9%であるが、新卒雇用は7.7%にとどまる。一方「関東」では7.1%のみが新規雇用をし、新卒雇用をした旨の回答も1.2%にとどまる。新規雇用人数は、1〜2（人/過去3年）がどの地方でも最も多い。

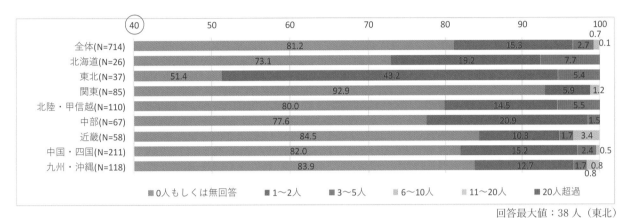

回答最大値：38人（東北）

図3-2-28 社員大工の新規雇用人数 地方別の回答割合（%）

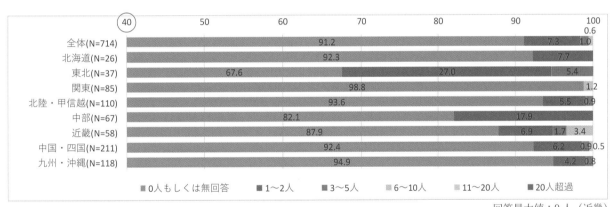

回答最大値：9人（近畿）

図3-2-29 社員大工の新卒での新規雇用人数 地方別の回答割合（%）

新規雇用のあった回答（工務店等）における新規雇用人数に対する新卒者の人数の割合を図3-2-30に示す。

新規雇用のあった134件の回答中、47.0%（63件）が新卒雇用はしており、そのうち48件が過去3年は新卒のみを新規雇用した旨の回答である。この48件のうち32件は、新規雇用人数が1人でありその1人が新卒者である。「近畿」は新規雇用のうちすべてが新卒者である割合が最も高く77.8%を占め、新卒者を雇用する工務店等の割合が高い。次いで「中部」の新卒雇用の割合が高い。

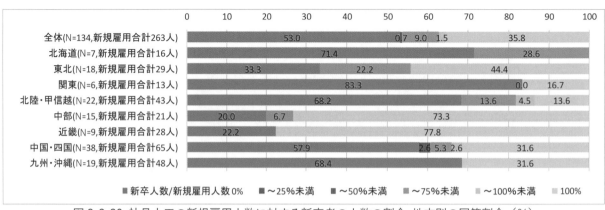

図 3-2-30 社員大工の新規雇用人数に対する新卒者の人数の割合 地方別の回答割合（%）

　全体及び各地方の1社あたりの新規雇用人数及びそのうちの1社あたりの新卒人数を図 3-2-31 に示す。

　全体の新規雇用平均人数は 0.37（人/過去3年）であり、最も多いのは「東北」で 0.78 人、最も少ないのは「関東」で 0.15 人である。新卒平均人数は、0.16（人/過去3年）であり、最も多いのは「近畿」で 0.48 人であり、「近畿」における新規雇用平均人数 0.48 人と比較すると、新規雇用者はほぼ新卒雇用であるとわかる。新卒平均人数は次いで「東北」が多く 0.43 人/社で、新規雇用平均人数 0.78 人/社と比較すると半数強が新卒雇用である。新卒平均人数が最も少ないのは「関東」及び「九州・沖縄」で、ともに 0.08 人/社である。新規雇用平均人数に対しで新卒平均人数が少ない（中途雇用が多い）地方は、「北海道」及び「九州・沖縄」で、「北海道」は 0.62 人/社中 0.12 人/社、「九州・沖縄」は、0.41 人/社中 0.08 人である。

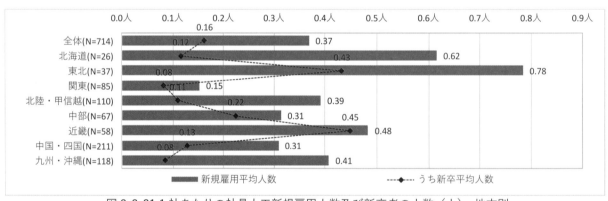

図 3-2-31 1社あたりの社員大工新規雇用人数及び新卒者の人数（人）　地方別

　過去3年以内の社員大工の退職者人数を図 3-2-32 に示す。

　全体の 15.3%（109件）が過去3年に退職者がいた旨を回答しており、新規雇用をした割合 18.8%（134件）を下回る。退職者がいた工務店等1社における退職者人数は、「1～2人」が最も多く 12.3% である。退職のあった旨の回答の割合が最も高いのは「東北」（45.9%）で、退職人数「3～5人」の割合が他の地方と比較して最も高い。「東北」は新規雇用の割合が高かったが、退職者がいる回答割合も高いことがわかる。一方、「関東」では退職のあった回答は 9.4% にとどまる。「関東」は新規雇用の割合が低かったが、退職者のいる回答割合も低いことがわかる。

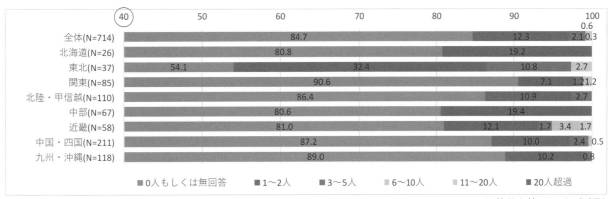

回答最大値：15 人（近畿）

図 3-2-32 社員大工の退職者人数 地方別の回答割合（%）

退職者のあった回答における退職者の勤続年数を図 3-2-33 に示す。

退職者の勤続年数は「3 年未満」が最も多く 3 分の 1 を占める。地方別に見ると「北海道」の「3 年未満」の退職者の割合が他の地方と比較して高く 57.1%を占める。次いで、「中国・四国」の「3 年未満」の退職者の割合が高く 46.2%を占める。「東北」における「3 年未満」の退職の割合は他の地方と比較して最も低く 19.5%であり、その分「20 年以上」の退職者の割合が比較的高い（36.6%）。「関東」は「20 年以上」の退職者の割合が他の地方と比較して最も高く 54.5%を占める。

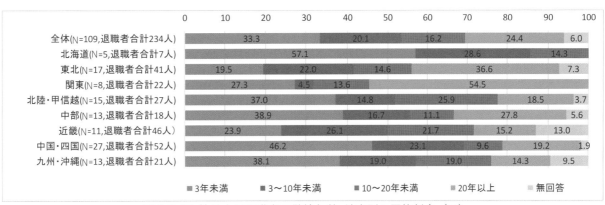

図 3-2-33 社員大工退職者の勤続年数 地方別の回答割合（%）

全体及び各地方の 1 社あたりの退職者人数を勤続年数別に図 3-2-34 に示す。

全体の退職者平均人数は 0.33（人/過去 3 年）であり、新規雇用平均人数 0.37 人を下回る。最も多いのは「東北」で 1.11 人であり、新規雇用平均人数 0.78 人を上回る。最も少ないのは「九州・沖縄」で 0.18 であり、新規雇用平均人数 0.41 人を下回る。

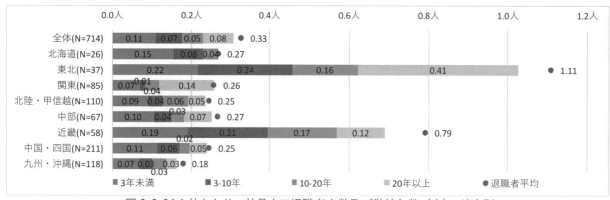

図 3-2-34 1 社あたりの社員大工退職者人数及び勤続年数（人）　地方別

2.9 専属大工の新規提携・提携終了の状況　設問(7)

専属大工の提携終了があった工務店数よりも新規提携のあった工務店数の方が多く、全体の提携終了人数合計より新規提携人数合計の方が多い。新卒での提携はほとんど無い。新規提携の割合が高く、終了の割合が低い北海道。新規提携の割合が高いが、終了の割合も高い九州。

過去 3 年以内の専属大工の新規提携人数及び提携終了人数の合計を表 3-2-4 に示す。

単純計算ではあるが、過去 3 年の専属大工新規提携人数の全体合計は、提携終了人数の全体合計よりも 144 人多く、どの地方も増加傾向にある。特に「関東」は多く 33 人増である。新規提携における新卒者は 373 人中 6 人でほとんどいない。特に西日本では、新卒で専属大工として提携している回答は無い。3 年未満の提携終了は 229 人中 58 人で 25.3%を占める。「北海道」及び「東北」の提携終了のあった回答が少ないため地方による比較はし難いが、「関東」における 3 年未満の提携終了割合が低く 19.0%である。

表 3-2-4 過去 3 年以内の専属大工の新規提携人数及び提携終了人数

地方分類	新規提携人数合計（人）	提携終了人数合計（人）	新規提携-提携終了人数（人）	新卒提携人数合計（人）	新卒提携÷新規提携（%）	3 年未満提携終了人数合計（人）	3 年未満提携終了÷提携終了（%）
全体	373	229	144	6	1.6	58	25.3
北海道	19	1	18	1	5.3	0	0.0
東北	9	5	4	1	11.1	3	60.0
関東	54	21	33	3	5.6	4	19.0
北陸・甲信越	65	52	13	1	1.5	11	21.2
中部	28	16	12	0	0.0	4	25.0
近畿	46	19	27	0	0.0	4	21.1
中国・四国	71	43	28	0	0.0	12	27.9
九州・沖縄	81	72	9	0	0.0	20	27.8

専属大工の新規提携人数を図 3-2-35 に、新卒での新規提携人数を図 3-2-36 に示す。

全体の 21.8%（156 件）が過去 3 年に新規提携をし、0.7%（5 件）のみが新卒者と提携した。地方を比較すると、新規提携をした割合が最も高いのは「北海道」で 30.8%、次いで「九州・沖縄」で 29.7%である。提携人数は 1～2 （人/過去 3 年）が最も多い。「九州・沖縄」は、他の地方と比較して 3～5 （人/過去 3 年）の割合が高い。また、新卒による専属大工提携はほとんど無く、あったとしても 1～2 （人/過去 3 年）である。

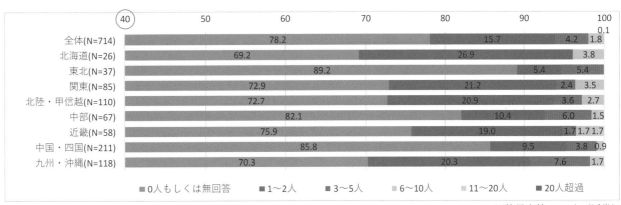

回答最大値：20 人（近畿）

図 3-2-35 専属大工の新規提携人数 地方別の回答割合（％）

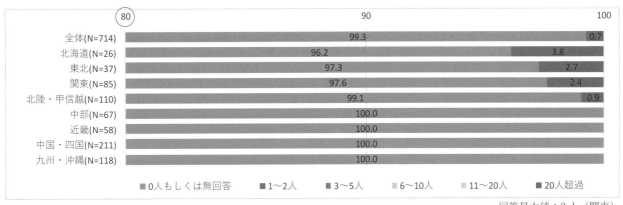

回答最大値：2 人（関東）

図 3-2-36 専属大工の新卒での新規提携人数 地方別の回答割合（％）

　全体及び各地方の 1 社あたりの新規提携人数及びそのうちの 1 社あたりの新卒人数を図 3-2-37 に示す。

　全体の新規提携平均人数は 0.52（人/過去 3 年）で、最も多いのは「近畿」で 0.79 人、次いで「北海道」が 0.73 人で、最も少ないのは「東北」で 0.24 人/社である。

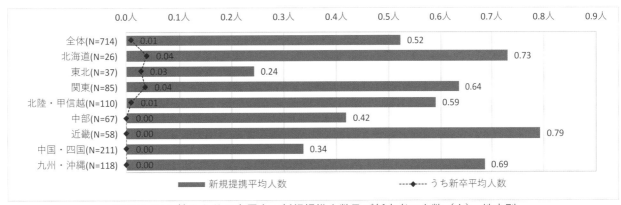

図 3-2-37 1 社あたりの専属大工新規提携人数及び新卒者の人数（人）　地方別

　過去 3 年以内の専属大工の提携終了人数を図 3-2-38 に示す。

　全体の 13.4％（96 件）が過去 3 年に専属大工の提携終了があった旨を回答しており、新規提携をした回答割合 21.8％（156 件）を下回る。提携終了があった工務店等 1 社における提携終了人数

は、「1〜2 人」が最も多く 10.8％である。「北海道」では 96.2％で提携終了が無く、「北海道」は新規提携の割合が高く、提携終了の割合が低いことがわかる。一方、「九州・沖縄」及び「北陸・甲信越」における提携終了のあった割合が他の地方と比較して高く、「九州・沖縄」は 19.5％、「北陸・甲信越」は 18.2％である。「九州・沖縄」は新規提携割合が 2 番目に高かったが、提携終了の割合も高いことがわかる。

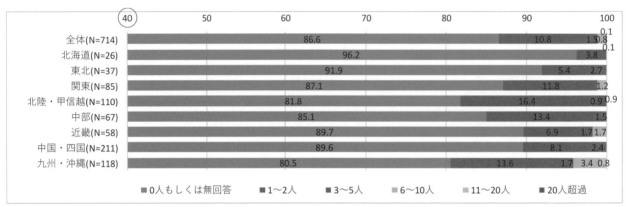

回答最大値：23 人（北陸・甲信越）

図 3-2-38 専属大工の提携終了人数 地方別の回答割合（％）

提携終了のあった回答における終了者の提携年数を図 3-2-39 に示す。

全体を見ると、提携年数は「3〜10 年未満」が最も多く 35.4％を占める。「北海道」及び「東北」の該当回答が少ないため、2 つを除いて見ると、特に「九州・沖縄」は「3〜10 年未満」の割合が高く、47.2％を占める。「中部」では「10〜20 年未満」の割合が他の地方と比較して高く、31.3％を占める。

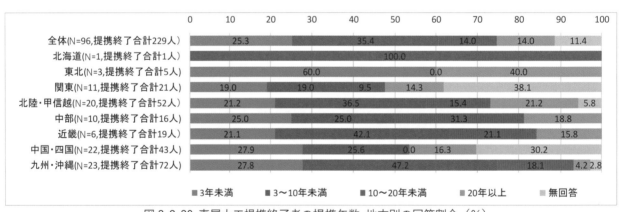

図 3-2-39 専属大工提携終了者の提携年数 地方別の回答割合（％）

全体及び各地方の 1 社あたりの提携終了人数を提携年数別に図 3-2-40 に示す。

全体の提携終了平均人数は 0.32（人/過去 3 年）であり、新規提携平均人数 0.52 人を下回る。最も多いのは「九州・沖縄」で 0.61 人である。

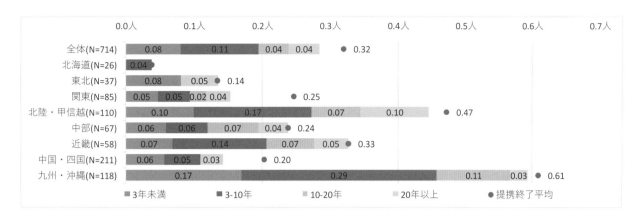

図 3-2-40 1 社あたりの専属大工提携終了人数及び提携年数（人） 地方別

2.10 大工と知り合った経緯 設問（6）

専属大工やその仲間からの紹介が圧倒的に多く、次いで知り合いの工務店や建材流通店。東北では、高校や職業訓練校の割合も高い。

　大工と知り合った経緯について各順位の回答数を図 3-2-41～図 3-2-43 に示す。また、回答に対し 1 位は 7 ポイント～7 位は 1 ポイントとして重み付けをし、各項目の合計ポイントを総ポイント数で除して割合を図 3-2-44 に示す。

　1 位に選ばれた数が最も多いのは、どの地方でも「専属大工やその仲間」（全体で 405 件）であり、圧倒的に多い。2 位に選ばれた数が多いのは、「知り合いの工務店」（92 件）及び「建材流通店」（88 件）である。

　重み付けした割合を見ると、「専属大工やその仲間」、「知り合いの工務店」、「建材流通店」、「高校や職業訓練校」の順に割合が高い。全体の傾向と異なる地方は「東北」で、「専属大工やその仲間」に次いで「高校や職業訓練校」、「建材流通店」、「知り合いの工務店」と続き、「高校や職業訓練校」からの紹介が他の地方と比較すると目立って多い。

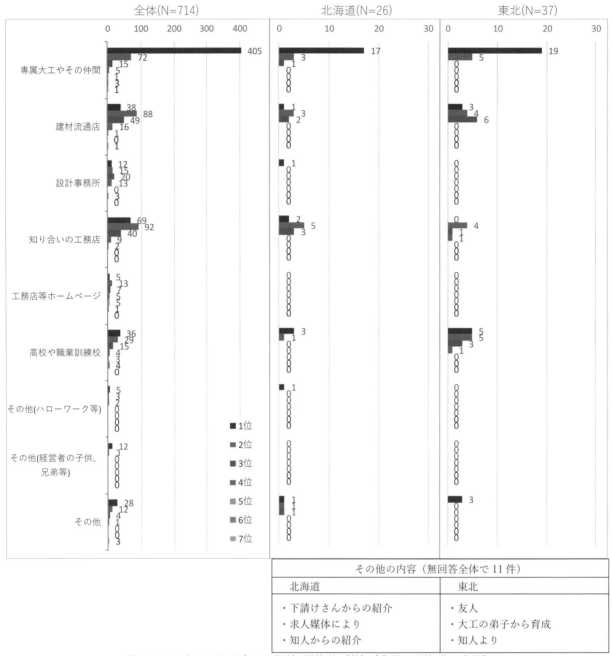

その他の内容（無回答全体で 11 件）	
北海道	東北
・下請けさんからの紹介 ・求人媒体により ・知人からの紹介	・友人 ・大工の弟子から育成 ・知人より

図 3-2-41 大工と知り合った経緯 回答数（件）（全体、北海道、東北）

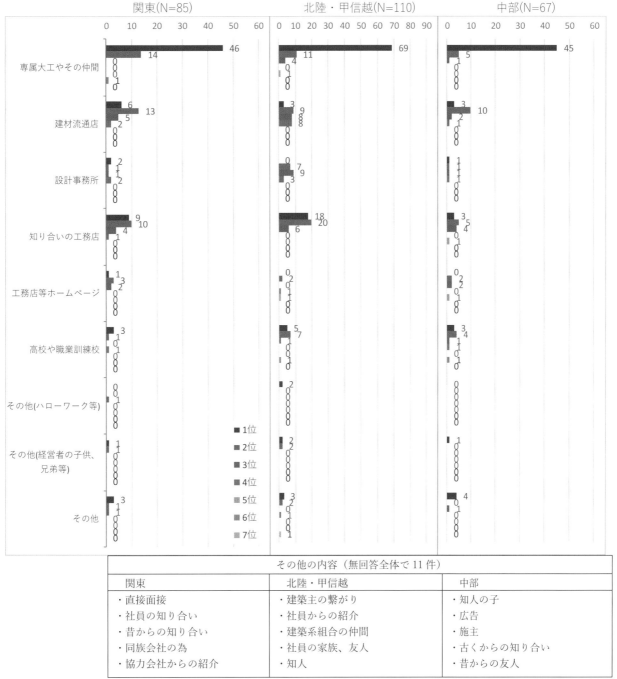

その他の内容（無回答全体で11件）		
関東	北陸・甲信越	中部
・直接面接	・建築主の繋がり	・知人の子
・社員の知り合い	・社員からの紹介	・広告
・昔からの知り合い	・建築系組合の仲間	・施主
・同族会社の為	・社員の家族、友人	・古くからの知り合い
・協力会社からの紹介	・知人	・昔からの友人

図 3-2-42 大工と知り合った経緯 回答数（件）（関東、北陸・甲信越、中部）

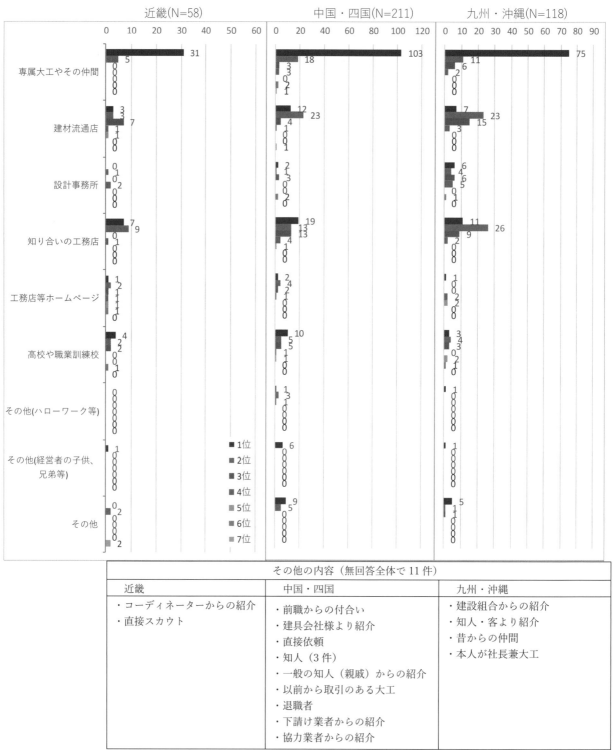

その他の内容（無回答全体で11件）		
近畿	中国・四国	九州・沖縄
・コーディネーターからの紹介 ・直接スカウト	・前職からの付合い ・建具会社様より紹介 ・直接依頼 ・知人（3件） ・一般の知人（親戚）からの紹介 ・以前から取引のある大工 ・退職者 ・下請け業者からの紹介 ・協力業者からの紹介	・建設組合からの紹介 ・知人・客より紹介 ・昔からの仲間 ・本人が社長兼大工

図 3-2-43 大工と知り合った経緯 回答数（件）（近畿、中国・四国、九州・沖縄）

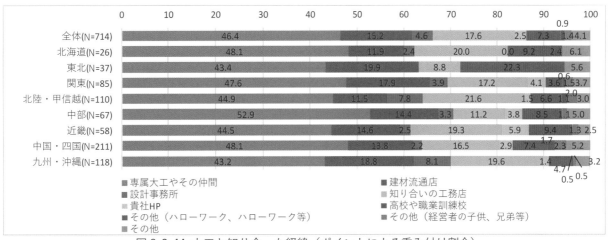

図 3-2-44 大工と知り合った経緯（ポイントによる重み付け割合）

凡例:
■ 専属大工やその仲間　　　　　　　　■ 建材流通店
■ 設計事務所　　　　　　　　　　　　■ 知り合いの工務店
■ 貴社HP　　　　　　　　　　　　　■ 高校や職業訓練校
■ その他（ハローワーク、ハローワーク等）　■ その他（経営者の子供、兄弟等）
■ その他

2.11 外国人人材の受け入れ状況　設問（8）

外国人人材の受け入れはほとんど無い。

　外国人人材を受け入れている旨の回答（「自社で雇用」、「技能実習生受け入れている」のいずれか
を選んだ回答）は全体のうち8件あり、その一覧を表3-2-5に示す。

　ほとんどの回答が「外国人の雇用・提携・受け入れをしていない」もしくは無回答であった。「専
属大工と提携」を選んだ回答は0件である。西日本での受け入れの方が多く、特に「近畿」での受
け入れが多い。回答数が少ないため考察はし難いが、「町・村」における外国人人材の受け入れは無
く、正社員数が多い工務店等において大人数の外国人の受け入れがある。また、受け入れている工
務店等はリフォームよりも新築を主としているところが多い。

表 3-2-5　外国人人材の受け入れ状況

地方	地方公共団体	正社員数	工事実績等			大工の人数			外国人人材の受け入れ					
			元請け＋下請け実績（万円）	元請：下請	新築：リフォーム	社員大工	専属大工（一部負担）	専属大工（負担無し）	自社で雇用	人	専属大工として提携	人	技能実習生を受入	人
東北	市	7	39,400	1：9	9：1	4	0	4	○	1				
	市	5	8,300	10：0	8：2	2		1					○	−
関東	市	50	97,850	10：0	9：1	0	0	0					○	−
近畿	中核市・特例市	50	203,300	10：0	10：0	2	0	20					○	10
	指定都市	89	569,281	2：8	10：0	5	2		○	8			○	18
中国・四国	市	20	66,000	10：0	8：2	2	0	1					○	2
	市	17	52,000	10：0	8：2	0	0	0					○	3
	市	3	8,000	9：1	3：7	3	0	0					○	−
合計									2	9	0	0	7	33

2.12 生産力確保に関する意向 設問（9）

生産力確保に関する意向について各順位の回答数図 3-2-45〜図 3-2-47 に示す。

1 位に記入された数が最も多かったのは、「専属大工を増やす」（155 件）で、次いで「社会保険を適用する社員として大工を長期雇用する」（152 件）、3 番目が「大工（社員大工・専属大工問わず）の労働条件を改善する」（125 件）である。

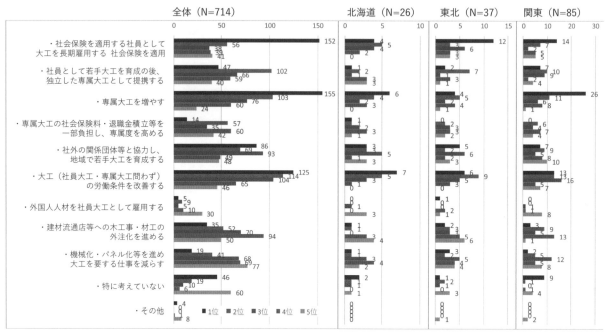

図 3-2-45 各順位の回答数（件）全体、北海道、東北及び関東

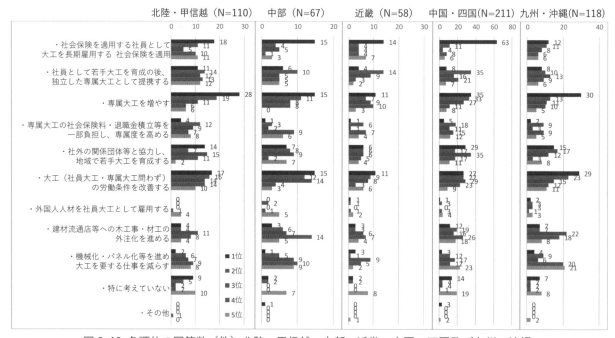

図 3-46 各順位の回答数（件）北陸・甲信越、中部、近畿、中国・四国及び九州・沖縄

大工育成状況・意向別に見ると、「雇用・育成している」回答群及び「検討している」回答群においては、「社会保険を適用する社員として大工を長期雇用する」が最も多いが（40件及び64件）。「育成の予定はない」回答群は、「専属大工を増やす」意向が多く、次いで、「大工の労働条件を改善する」で、3番目が「地域で若手大工を育成する」であった。

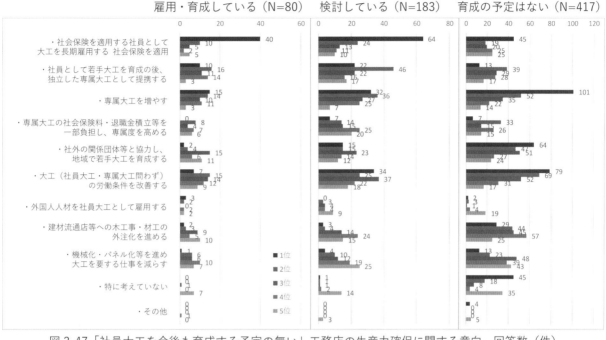

図3-47「社員大工を今後も育成する予定の無い」工務店の生産力確保に関する意向　回答数（件）

各回答群を比較するために、回答に対し、1位は5ポイント～5位は1ポイントとして重み付けをし、各選択肢の合計ポイントを総ポイント数で除して割合を算出した。

重み付けの集計は、地方別（図3-2-48）、地方公共団体別（図3-2-49）、正社員数別（図3-2-50）、年間新築住宅元請棟数別（図3-2-51）、社員大工育成状況・意向別（図3-2-52）経営者の年齢別（図3-2-53）及び今後の経営意向別（図3-2-54）に行った。また、選択肢「その他」の内容を表3-2-6に示す。

　全体を見ると、「大工（社員大工・専属大工問わず）の労働条件を改善する」（17.2％）及び「専属大工を増やす」（17.1％）のポイント数の割合が高く、同程度のポイント数である。3番目は「社会保険を適用する社員として大工を長期雇用する」（13.4％）、4番目は「社外の関係団体等と協力し、地域で若手大工を育成する。」（12.4％）、5番目は「社会保険を適用する社員として若手大工を育成の後、独立した専属大工として提携する」（11.0％）である。「建材流通店への木工事・材工の外注化を進める」（9.1％）と「機械化・パネル化等を進め大工を要する仕事を減らす」（7.4％）を足した割合は16.5％を占める。

　地方別に見ると、「東北」は、「社会保険を適用する社員として大工を長期雇用する」の割合が他の地方と比較して最も高く（19.8％）、「建材流通店への木工事・材工の外注化を進める」と「機械化・パネル化等を進め大工を要する仕事を減らす」を足した割合も他の地方と比較して2番目に高い（19.4％）。また、「専属大工を増やす」の割合が他の地方と比較して最も低い（11.0％）。「九州・沖縄」は、「大工（社員大工・専属大工問わず）の労働条件を改善する」の割合（20.5％）及び「建材流通店への木工事・材工の外注化を進める」と「機械化・パネル化等を進め大工を要する仕事を減らす」を足した割合（19.9％）が他の地方と比較して最も高く、一方で、「社会保険を適用する社員として大工を長期雇用する」の割合が他の地方と比較して最も低い（9.5％）。「建材流通店への木工事・材工の外注化を進める」と「機械化・パネル化等を進め大工を要する仕事を減らす」を足した割合が他の地方と比較して低いのは、「北陸・甲信越」（12.1％）、「北海道」（13.6％）である。「専属大工を増やす」の割合が最も高かったのは「関東」で20.2％である。

　地方公共団体別では、「特別区」の回答が少なかったため（4件）「特別区」を除いて傾向を見ると、地方公共団体規模が小さくなるほど「社会保険を適用する社員として大工を長期雇用する」及び「社会保険を適用する社員として若手大工を育成の後、独立した専属大工として提携する」の割合が増加し、一方、「専属大工を増やす」の割合が減少する傾向が見られる。

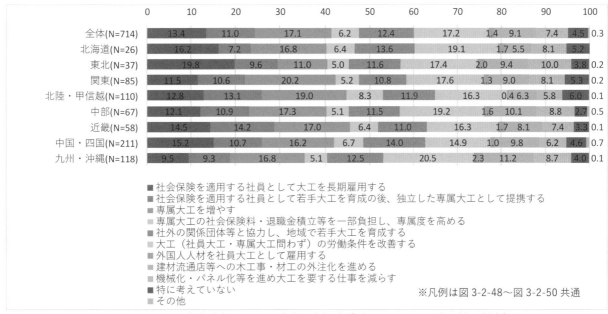

図 3-2-48 生産力確保に関する意向 地方別（ポイントによる重み付け割合）

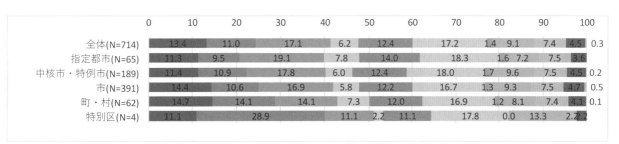

図 3-2-49 生産力確保に関する意向 地方公共団体別（ポイントによる重み付け割合）

正社員数 5 人以下、6〜50 人以下、50 人超過で傾向が異なり、50 人超過で外部化意向が高い。

　正社員数別に見ると、それぞれの区分における特徴が明らかになった。正社員「0 人」において、「社外の関係団体等と協力し、地域で若手大工を育成する」及び「特に考えていない」の割合が他の回答群と比較して目立って高い（18.4%）。また、正社員「51〜100 人」において、「建材流通店への木工事・材工の外注化を進める」及び「機械化・パネル化等を進め大工を要する仕事を減らす」の割合が他の回答群と比較して目立って高い。正社員「100 人超過」においては、「大工（社員大工・専属大工問わず）の労働条件を改善する」の割合が他の回答群と比較して高い。

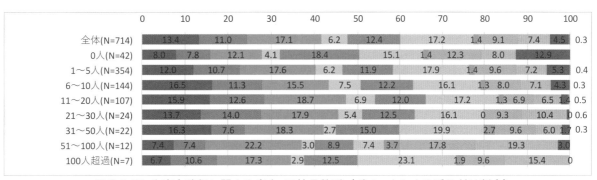

図 3-2-50 生産力確保に関する意向 正社員数別（ポイントによる重み付け割合）

年間新築住宅元請け棟数が 50 棟以上で大工社員化意向が低く、100 棟以上で外部化意向が最大。

　年間新築住宅元請け棟数別に見ると、年間 10 棟以上の回答群において「専属大工を増やす」の割合が高く、（20%以上）最も高い「50〜100 棟」（22.3%）では、「社会保険を適用する社員として大工を長期雇用する」（6.7%）及び「社会保険を適用する社員として若手大工を育成の後、独立した専属大工として提携する」（6.1%）の割合が他の回答群と比較して目立って低い。また、「100 棟以上」において、「建材流通店への木工事・材工の外注化を進める」及び「機械化・パネル化等を進め大工を要する仕事を減らす」の割合が他の回答群と比較して目立って高い。

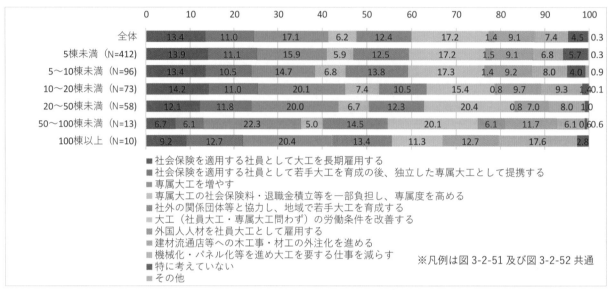

図 3-2-51 生産力確保に関する意向 年間新築住宅元請棟数別（ポイントによる重み付け割合）

育成意向の無い工務店は、地域での若手育成及び外部化での対応意向が比較的高い。

　社員大工育成状況・意向別に見ると、回答群「雇用・育成している」は、「社会保険を適用する社員として大工を長期雇用する」の割合が他の回答群と比較して最も高い。回答群「今後も雇用・育成を考えていない」は、他の群よりも「社外の関係団体等と協力し、地域で若手大工を育成する」、「建材流通店への木工事・材工の外注化を進める」、「機械化・パネル化等を進め大工を要する仕事を減らす」及び「特に決めていない」の割合が高い。どの回答群においても「専属大工を増やす」の割合はほとんど変わらない。

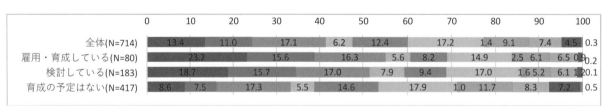

※雇用・育成している＝過去 3 年以内に大工希望の新卒者を社員として雇用し、育成している。
　検討している＝今後 3 年以内に大工希望の新卒者を社員として雇用し、育成することを検討している。
　育成の予定はない＝当面、新たに大工を育成することは考えていない。

図 3-2-52 生産力確保に関する意向・社員大工育成状況 意向別（ポイントによる重み付け割合）

経営者の年齢別では、「20 歳代」及び「80 歳代」の回答が少なかったため（3 件及び 6 件）「20 歳代」及び「80 歳代」を除いて傾向を見ると、年代が高くなるにつれて「専属大工を増やす」の割合が減少し、一方、「建材流通店への木工事・材工の外注化を進める」と「機械化・パネル化等を進め大工を要する仕事を減らす」を足した割合は増加する傾向が見られる。

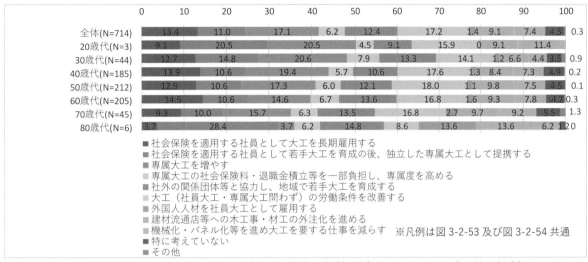

図 3-2-53 生産力確保に関する意向 経営者の年齢別（ポイントによる重み付け割合）

今後の経営意向別に見ると、「後継者有」と「後継者無全体」との間に大きな傾向の差は見られない。しかし、「後継者無」のうち、今後「事業を売却もしくは廃業する」を選んだ回答群を「後継者無全体」と比較すると、「社会保険を適用する社員として大工を長期雇用する」及び「専属大工を増やす」の割合が低く、「社外の関係団体等と協力し、地域で若手大工を育成する」及び「建材流通店への木工事・材工の外注化を進める」の割合が高い。

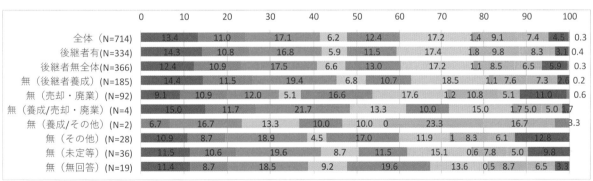

※　無（後継者養成）＝後継者「無」を選び、今後の意向「後継者を養成する」を選択した回答群
　　無（売却・廃業）＝後継者「無」を選び、今後の意向「事業を売却もしくは廃業する」を選択した回答群
　　無（養成/売却・廃業）＝後継者「無」を選び、今後の意向「後継者を養成する」及び「事業を売却もしくは廃業する」を選択した回答群
　　無（養成/その他）＝後継者「無」を選び、今後の意向「後継者を養成する」及び「その他」を選択した回答群
　　無（その他）＝後継者「無」を選び、今後の意向「その他」を選択した回答群
　　無（未定等）＝後継者「無」を選び、今後の意向「その他」を選択し、その内容を「未定」、「検討中」等と記入した回答群
　　無（無回答）＝後継者「無」を選び、今後の意向を選択しなかった回答群

図 3-2-54 生産力確保に関する意向 今後の経営意向別（ポイントによる重み付け割合）

表 3-2-6 生産力確保に関する意向における選択肢「その他」の内容（「その他」を選び無回答8件）

地方	地方公共団体分類	正社員数	年間新築住宅元請棟数	大工育成状況	経営者年齢	後継者有無	その他の内容
東北	市	11～20	3	検討している	50代	有	社内福利厚生等積極的に取り入れ、コミュニケーション・仲間の輪の意識向上
関東	市	1～5	無回答	考えていない	70代	有	大工手間の賃金をあげる
中部	市	1～5	6	考えていない	30代	養成する	だんどりをよくする
中国・四国	市	11～20	8	考えていない	60代	有	大工の給与を上げ、労働条件を改善する
中国・四国	市	6～10	2	考えていない	70代	有	リフォーム工事等の受注を資格の有無で、制限することにより大工の需要を高め、しっかりとした賃金を確保できるようにすることで、大工という職に就く人を増やし、生産力の確保につなげていく。

2.13 地域で大工を育成する際に考えられる協力相手 設問(9)

全体としては、社外大工との協力意向が高く、特に町・村での意向が高い。他の工務店との協力意向が他地方より高い北海道、東北。教育支援機関との協力意向も高い東北。建材流通店との協力意向が他地方より高い九州、低い北海道、東北。

　選択肢「社外の関係団体等と協力し、地域で若手大工を育成する」を選択した回答者が想定する育成の協力相手を図 3-2-55～図 3-2-57 に示す。また、選択肢「その他」の内容を表 3-2-7 に示す。

　全体を見ると、育成の協力相手として考えられる団体等は「社外の大工（親方）」の割合が最も高い。次いで「他の工務店」で、その次が「建材流通店」及び「教育支援機関」が同程度である。

　地方別に見ると、「北海道」及び「東北」は、「他の工務店」の割合が他の地方よりも高い。また、「北海道」では「教育支援機関」が他の地方と比較して目立って高い。「九州・沖縄」では、「建材流通店」の割合が他の地方と比較して高く、一方「建材流通店」の割合が比較的低かったのは「北海道」と「東北」である。

　地方公共団体別に見ると、「町・村」における「社外の大工」の割合が高い。

　年間新築住宅元請棟数別に見ると、大きな傾向はつかめないが、「全建総連系団体」は 20 棟未満でのみ回答があった。

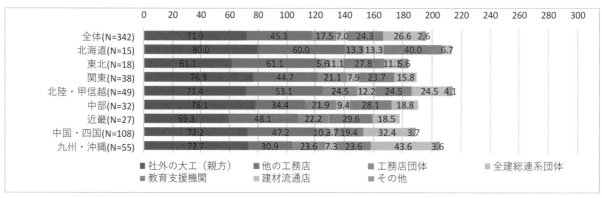

図 3-2-55 地域で若手大工を育成する際の考えられる協力相手の回答割合（％）　地方別（複数回答）

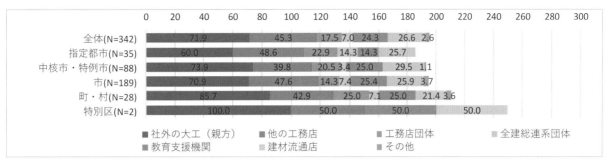

図 3-2-56 地域で若手大工を育成する際の考えられる協力相手の回答割合（%） 地方公共団体別（複数回答）

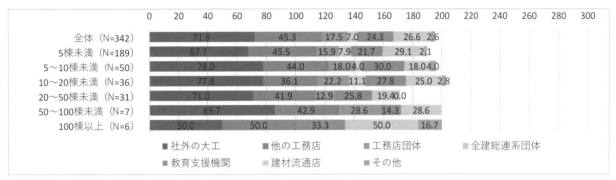

図 3-2-57 地域で若手大工を育成する際の考えられる協力相手の回答割合(%) 年間新築住宅元請棟数別(複数回答)

表 3-2-7 考えられる協力相手における「その他」の内容（「その他」を選び無回答 5 件）

地方	地方公共団体	その他の内容
東北	市	友人
中国・四国	市	山口スーパーウォール会
中国・四国	市	協力会の大工
九州・沖縄	市	色々な角度からの協力が必要
九州・沖縄	市	3 年間程度実務経験が出来る団体

2.14 大工の育成状況 設問（10）

「雇用・育成している」の割合が目立って高い東北、低い関東、北海道。「育成の予定が無い」の割合が高い関東。地方公共団体規模が小さいほど「雇用・育成している」と「検討している」を足した割合が高くなり、特に町・村で「検討している」割合が高い。

　工務店等が自社で取り組む新規大工の育成の状況を図 3-2-58～図 3-2-61 に示す。

　全体を見ると、11.2%（80 件）が「過去 3 年以内に大工希望の新卒者を社員として育成・雇用している。」と回答した。

　地方別に見ると、「過去 3 年以内に大工希望の新卒者を社員として育成・雇用している。」の割合が最も高かったのは、「東北」で 35.1%（13 件）であり、「東北」は「今後 3 年以内に雇用・育成することを検討している。」の割合も最も高く 32.4%（12 件）である。「過去 3 年以内に大工希望の新卒者を社員として育成・雇用している」の割合が最も低かったのは「関東」及び「北海道」で、それぞれ 3.5%（3 件）及び 3.8%（1 件）である。「育成することは考えていない」の割合が最も高かったのは「関東」で 68.2%（58 件）である。

　地方公共団体別に見ると、「指定都市」の「過去 3 年以内に大工希望の新卒者を社員として育成・雇用している」の割合が他の地方国協団体分類と比較して若干低い。また、「町・村」における「今

後3年以内に雇用・育成することを検討している」の割合が比較的高く37.1%（23件）である。「過去3年以内に大工希望の新卒者を社員として育成・雇用している」と「今後3年以内に雇用・育成することを検討している」を足した割合は、地方公共団体規模（＝人口規模）が小さくなるほど高くなる傾向がある。

年間新築住宅元請け棟数別で見ると、「過去3年以内に大工希望の新卒者を社員として育成・雇用している」の割合は「50〜100棟未満」及び「100棟以上」において他の回答群と比較して高く（23.1％及び20.0％）、「5棟未満」におけるが低い（9.0％）。

工務店の経営者の年齢別で見ると、「過去3年以内に大工希望の新卒者を社員として育成・雇用している」の割合が最も高かったのは「30歳代」で13.6%（6件）で、「今後3年以内に雇用・育成することを検討している」も最も高く34.1%（15件）である。「20歳代」及び「80歳代」は回答数が少ないため考察し難いが、「80歳代」の6件はすべて「育成することは考えていない」を回答している。

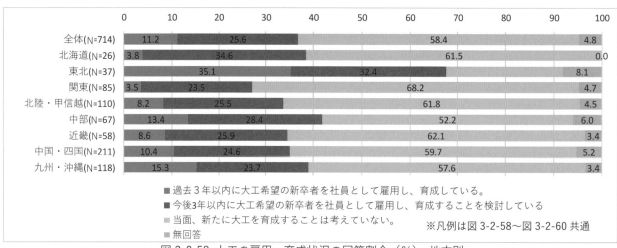

図3-2-58 大工の雇用・育成状況の回答割合（％）　地方別

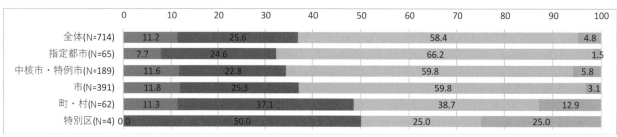

図3-2-59 大工の雇用・育成状況の回答割合（％）　地方別公共団体別

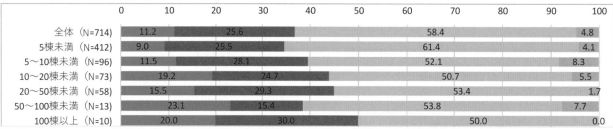

図3-2-60　大工の雇用・育成状況の回答割合（％）　年間新築住宅元請棟数別

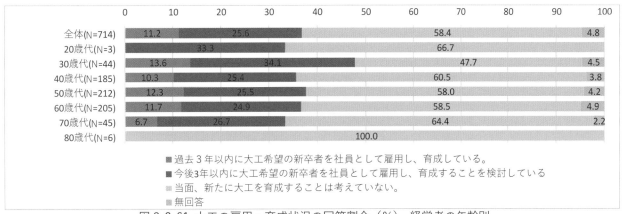

図 3-2-61 大工の雇用・育成状況の回答割合（％） 経営者の年齢別

2.15 大工雇用・育成を考えていない理由 設問（10）

「投資する余裕が無い」が最も多い。将来的にも専属大工が確保できると考えている割合が比較的高い北海道、関東。事業継続予定が無い割合が比較的高い中国・四国。年間新築棟数が増すほど、「ノウハウが無い」の割合が高くなり、20～100 棟では、専属大工を確保できる考えが比較的強い。また、経営者が若いほど専属大工を確保できる考えの割合が比較的高い。

　選択肢「当面、新たに大工を育成することは考えていない」を選択した理由を図 3-2-62～図 3-2-65 に示す。また「その他」の内容を表 3-2-8 に示す。

　全体を見ると、最も回答割合が高いのは「育成の意欲はあるが、投資する余裕が無いため」で 39.1％（163 件）である。全国的に概ね似た傾向を示しているが、「東北」に限っては、「育成の意欲はあるが、投資する余裕が無いため」は少なく 11.1％（1 件）のみで、「育成の意欲はあるが、一人前になると自社を離れてしまうことが多い」が最も高く、33.3％（3 件）である。「将来的にも十分に専属大工を確保できると考えているため」は、「北海道」（25.0％）及び「関東」（17.2％）が他の地方と比較して高い。「事業を継続する予定が無いため」と回答した割合は全体で 13.4％（56 件）であり、特に割合が高かったのは「中国・四国」で 20.6％（26 件）である。

　地方公共団体別に見ると、「指定都市」は、複数回答をしている回答者が他の地方公共団体分類よりも多く、その中でも「育成の意欲はあるが、投資する余裕が無いため」の回答割合が高い。また、「事業を継続する予定が無いため」の回答割合は、「指定都市」では 2.3％（1 件）のみで、地方公共団体の規模が小さくなるほど少しではあるが高くなる傾向（12.4％→16.7％）がある。

　年間新築住宅元請け棟数別で見ると、棟数が増すにつれて「育成の意欲はあるが、育成のノウハウが無い」が他の回答群より割合が低い。「将来的にも十分に専属大工を確保できると考えているため」は、20～100 棟での割合が高い。また、「事業を継続する予定が無いため」は「5 棟未満」における回答割合が他の回答群と比較して高く、10 棟以上の回答では、同選択肢の回答は無い。

　工務店の経営者の年齢別で見ると、「30 歳代」における「育成の意欲はあるが、投資する余裕が無いため」の割合が他の年齢層と比較して高い。「将来的にも十分に専属大工を確保できると考えているため」は、30 歳代から 70 歳代にかけて割合が低くなる傾向がある。「50 歳代」における「事業を継続する予定が無いため」の割合が他の年齢層と比較して高い。

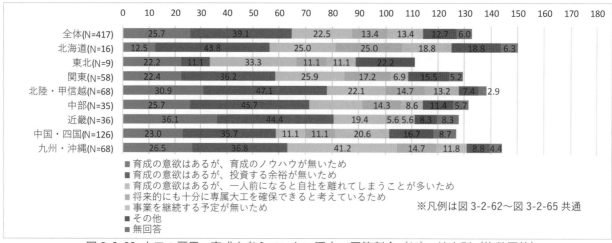

図 3-2-62 大工の雇用・育成を考えていない理由の回答割合（％）　地方別（複数回答）

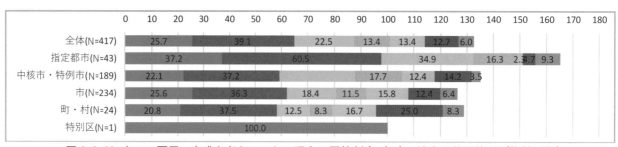

図 3-2-63 大工の雇用・育成を考えていない理由の回答割合（％）　地方公共団体別（複数回答）

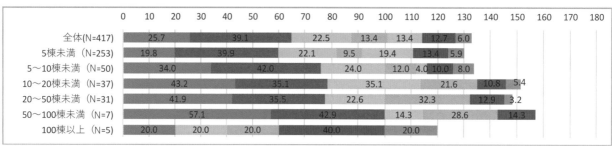

図 3-2-64 大工の雇用・育成を考えていない理由の回答割合（％）年間新築住宅元請棟数別（複数回答）

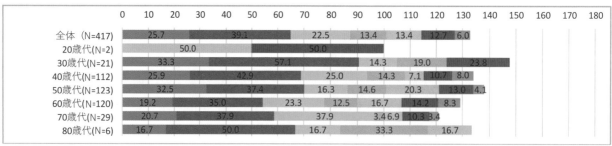

図 3-2-65 大工の雇用・育成を考えていない理由の回答割合（％）　経営者の年齢別（複数回答）

表 3-2-8 育成することを考えていない理由 「その他」の内容

地方	地方公共団体	年間新築住宅元請け棟数	経営者年齢	育成することを考えていない理由 （その他の内容）
北海道	指定都市	21	60	外注業者、工務店への発注の為、自社の採用はありません
	市	1	60	即戦力の大工を募集する。
		32	50	新人大工を指導する大工の負担を考慮して
東北	中核市・特例市	1	50	現状では、大工は外注のみ
	市	24	40	専属大工に育成をまかせているため。
関東	中核市・特例市	20	40	社員としての雇用はむずかしい
	市	4	70	特になし
		50	60	過去、大工を雇用したことがないため
		3	60	育成の意欲はあるが専属大工がいる為
		0	60	自営の為
		160	70	大工希望の新卒者がいない、探せない
	町・村	－	50	大工職限定ではなく建設工事管理者を育成したい
北陸・甲信越	中核市・特例市	4	50	自社大工は必要ないので
	市	0	60	後継長男が、この先仕事量の不安で心が決まらない。
		1	20	まだ時期ではない
		15	50	当面現状の大工で足りる
	町・村	3	40	雇用出来る程の余裕がまだない
中部	市	1	60	人間性のいい子ならいいけど…。
		5	50	基本的にアウトソーシングで考えている。
		6	30	いらないから
近畿	市	0	40	育成の意欲はあるが、受け入れ態勢を準備する時間的な余裕がないため
		2	30	大工は個人業主の方が責任を持っているから
	町・村	0	40	1人親方なので…（現段階）
中国・四国	指定都市	3	50	安定的な業務でないため
	中核市・特例市	12	60	社員大工1名、専属大工1名、協力工務店が現在有るので新卒を入れることは考えてない
		1	50	後継者が未確定
		0	60	何年後まで継続するか決めていない為
		3	40	募集しても応募がないから
		0	50	後継者がいない為
		100	40	育成は検討していない
		2	30	専属大工による育成を希望している
	市	3	60	仕事量がない為
		1	40	分離発注の形態を当面続ける予定であるため
		0	30	都度、応援大工を探す
		1	30	自分が大工出身ではないので自社育成が難しい
		4	50	現状は十分な大工を確保していて、自社大工を育成したいので
		0	40	将来的に新建材やプレカットなどで大工が少なくて済むようになる？
		8	60	当社から独立した大工が、木工事を請け負ってくれる
		1	60	必要時に確保できる
		3	40	基本的に外注
		－	60	住宅系の仕事が少ないため
九州・沖縄	中核市・特例市	1	50	木造住宅主体の業態でないため
		3	50	自社でできる範囲での受注を目指しているため
	市	5	40	大工見習の求人を出して、大工見習から始めてはいるが、途中で退職してしまう。なかなか長続きしない。
	町・村	6	70	社員として当社で雇用する予定がない為

理由無回答9件

93

2.16 目標とする大工像 設問(11)

1棟を任せられる大工が求められており、その中でもプレカットよりも墨付け手刻みを要する木造住宅を任せられる大工の方が重視されているが、北海道、九州ではプレカットの方が重視されている。その上で内部造作を2位に選んだ回答が多く、特に関東で重視されている。地方公共団体規模が小さくなるほど、また年間新築棟数が少ないほど、墨付け手刻みの技術を求める割合が高くなり、内部造作を求める割合が低くなる。

　目標とする大工像について、各順位の回答数を図3-2-66及び図3-2-67に示す。なお、選択肢「その他」を選択した回答は1件のみあったが、内容の記述は無かった。

　各順位の回答数を見ると、全体で1位に選ばれた数が最も多いのは「墨付け・手刻みの加工を要する木造住宅を任せられる大工」であり、「北海道」及び「九州・沖縄」を除く地方で同様の傾向が見られる。「北海道」は「建て方から金物取付けができる大工（フレーマー）」及び「プレカット構造材を用いた木造住宅を任せられる大工」が同数で1位であり、「九州・沖縄」は、「プレカット構造材を用いた木造住宅を任せられる大工」が1位であった。全体で1位に選ばれた数が次に多いのは、「プレカット構造材を用いた木造住宅を任せられる大工」である。2位に選ばれた数が最も多いのは、「内部木造造作ができる大工」である。

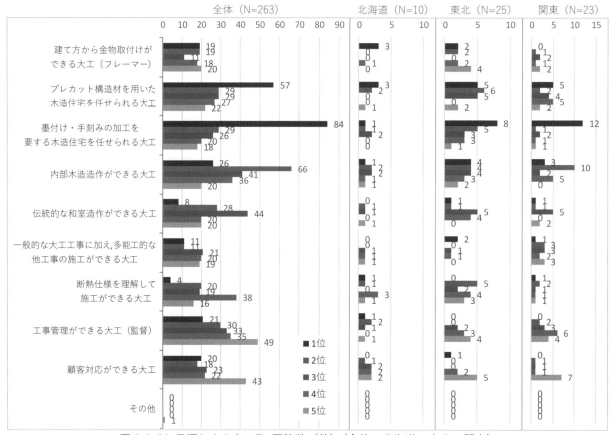

図3-2-66 目標とする大工像 回答数（件）（全体、北海道、東北、関東）

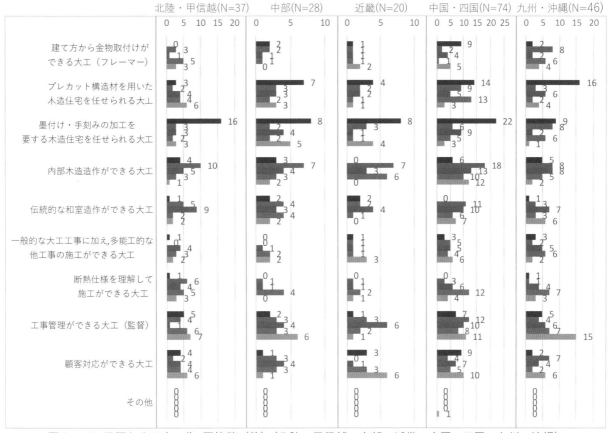

図 3-2-67 目標とする大工像 回答数（件）（北陸・甲信越、中部、近畿、中国・四国、九州・沖縄）

　回答に対し、1位は5ポイント〜5位は1ポイントとして重み付けをし、各項目の合計ポイントを総ポイント数で除して割合を図 3-2-68〜図 3-2-72 に示す。

　全体で最も割合が高いのは「墨付け・手刻みの加工を要する木造住宅を任せられる大工」で18.2%、次いで「内部木造造作ができる大工」が 16.5%、「プレカット構造材を用いた木造住宅を任せられる大工」が 15.3%である。

　地方別に見ると、「北海道」及び「九州・沖縄」では、「墨付け・手刻みの加工を要する木造住宅を任せられる大工」よりも「プレカット構造材を用いた木造住宅を任せられる大工」の割合が高く、「建て方から金物取付けができる大工（フレーマー）」の割合も他の地方と比較して最も高い。「東北」は「墨付け・手刻みの加工を要する木造住宅を任せられる大工」及び「内部木造造作ができる大工」が他の地方と比較して高い。「関東」は「内部木造造作ができる大工」及び「一般的な大工工事に加え、クロス、住設機器取付けなどの多能工的な他工事の施工ができる大工」が他の地方と比較して高い。また、「断熱仕様を理解して施工が出来る大工」は、「北海道」（11.3%）、「東北」（10.9%）及び「北陸・甲信越」（10.4%）の割合が他の地方と比較して高い。

95

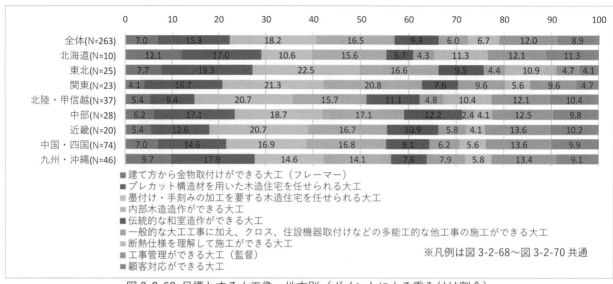

図 3-2-68 目標とする大工像　地方別（ポイントによる重み付け割合）

　地方公共団体別で見ると、「墨付け・手刻みの加工を要する木造住宅を任せられる大工」の割合
は、地方公共団体の規模が小さくなるにつれて増加する傾向があり、一方、「内部木造造作ができる
大工」、「一般的な大工工事に加え、クロス、住設機器取付けなどの多能工的な他工事の施工ができ
る大工」及び「顧客対応ができる大工」の割合は地方公共団体の規模が大きくなるにつれて増加す
る傾向がある。

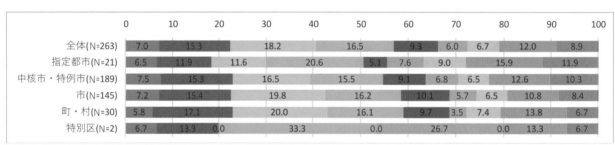

図 3-2-69 目標とする大工像　地方公共団体別（ポイントによる重み付け割合）

　年間新築住宅元請け棟数別で見ると、「5 棟未満」は全体平均と似た傾向を示しており、どの選択
肢に対してもバランスが取れている。棟数が増すごとに「墨付け・手刻みの加工を要する木造住宅
を任せられる大工」の割合が減少し、「内部木造造作ができる大工」の割合が高くなる傾向があり、
各選択肢の割合が極端になる。「10～20 棟未満」→「100 棟以上」になるにつれて「顧客対応がで
きる大工」の割合が増加する。

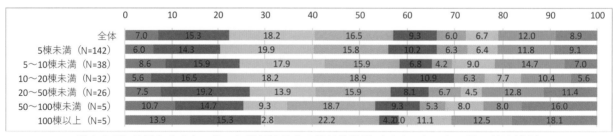

図 3-2-70 目標とする大工像　年間新築住宅元請け棟数別（ポイントによる重み付け割合）

新築：リフォーム割合による目立った傾向は見られない。

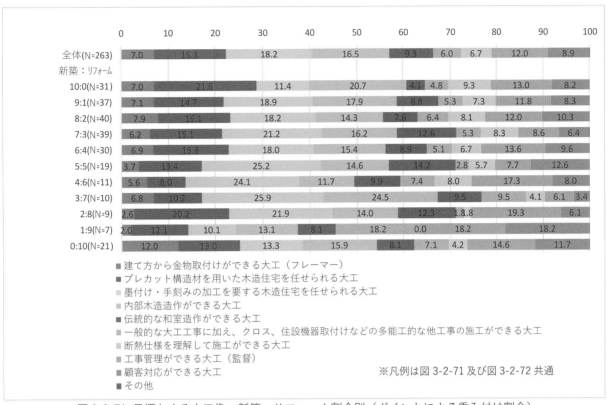

図 3-2-71 目標とする大工像　新築：リフォーム割合別（ポイントによる重み付け割合）

　工務店の経営者年齢別で見ると、年齢が高くなるほど「墨付け・手刻みの加工を要する木造住宅を任せられる大工」の割合が若干高くなる傾向がある。また、「40歳代」において「工事管理ができる大工（監督）」（16.1%）及び「顧客対応ができる大工」（12.1%）の割合が他の年代と比較して高い。

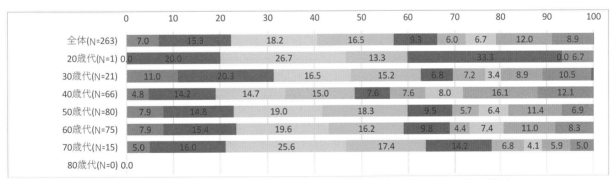

図 3-2-72 目標とする大工像　経営者の年齢別（ポイントによる重み付け割合）

　目標とする大工像として順位をつけた理由を表 3-2-9～表 3-2-16 に示す。
　最も 1 位に選ばれた「墨付け・手刻みの加工を要する木造住宅を任せられる大工」を 1 位に選んだ回答者は、増築・リフォーム対応、木造への理解、技術の継承、大工としてのやりがい、他社との区別化等を挙げている。次いで多かった「プレカット構造材を用いた木造住宅を任せられる大工」を選んだ回答者は、即戦力、基本としてまず習得してほしいといった理由を挙げており、2 位

以下に「墨付け・手刻みの加工を要する木造住宅を任せられる大工」を選びいずれかはさらなる技術を習得してほしい意向も見られる。2位選ばれた数が最も多かった「内部木造造作が出来る大工」を1位に選んだ回答者には増築・リフォーム対応が見られた。2位に内部木造造作が出来る大工」を選んだ回答者のほとんどが選択肢2もしくは3（プレカットもしくは墨付け手刻みで木造住宅を任せられる大工）を1位に選んでおり、1棟を任せられることを基本にした上で次の段階として選択されている。

表 3-2-9 目標とする大工像 順位をつけた理由（**北海道**）

地方公共団体	正社員数	年間新築元請棟数	年齢	目標とする大工像*					理由
				1位	2位	3位	4位	5位	
指定都市	69	100〜	60		7	4	9	8	一貫して木工事を通しで出来る大工親方の育成の為
市	34	10〜20	60	1:フレーマー	2	8	6	9	既存大工の高齢化・人員不足のため、パネル化・工場生産化を考慮して、建て込みの出来る大工の育成を重視しています。また、相対的な職人の不足をカバーするため、職人、特に大工の多能工化も考えていきたい。
市	7	5〜10	50	2:プレカット	3	4	1	7	大工として仕様の知識やそれに伴う技術を習得してほしいです。
市	7	〜5	40	3:墨付け手刻み	2	5	7	9	今後リフォーム事業が増加すると予想していますが、材料の加工等は必ず必要となるため
指定都市	1	0	50	4:内部造作	8	9	7	6	リフォームは造作重視。次に工程管理で多機能できるようにしてもらいたい。
指定都市	6	0	60	7:断熱理解	8	9	4	5	寒冷地、豪雪地帯の工務店ですので、断熱を理解して施工。（住友林業さんのように、30年以上前から取り組んでいる。）主に育成してほしい。
	0	〜5	30		3	2	4	6	長期優良住宅が標準仕様化となってきているため気密・断熱仕様を理解して欲しい。構造体を理解し様々なケースにも対応できる（リフォームなど）技術を習得して欲しい。
市	6	〜5	70	8:工事管理	5	3	9	4	現場の施工監理が出来る技術者を育成しています

*目標とする大工像 凡例

1.建て方から金物取付けができる大工（フレーマー）
2.プレカット構造材を用いた木造住宅を任せられる大工
3.墨付け・手刻みの加工を要する木造住宅を任せられる大工
4.内部木造造作ができる大工
5.伝統的な和室造作ができる大工
6.一般的な大工工事に加え、クロス、住設機器取付けなどの多能工的な他工事の施工ができる大工
7.断熱仕様を理解して施工ができる大工
8.工事管理ができる大工（監督）
9.顧客対応ができる大工

表 3-2-10 目標とする大工像 順位をつけた理由（東北）

地方公共団体	正社員数	年間新築元請棟数	年齢	目標とする大工像					理由
				1位	2位	3位	4位	5位	
市	5	～5	50	2:プレカット	7	5	3	2	大工工事を総合的にできる人材
	11	-	30		1	4	7	8	即戦力が欲しいので。
指定都市	5	5～10	60	3:墨付け手刻み	4	5	7	9	木造軸組みの基本がわかる職人を育成したい。良い仕事をするには、職人の技術が高くないとダメだ。他社と同じでは淘汰される。
中核市・特例市	1	～5	60		6	7	5	8	基本的な技術を習得し外注工事を減らし工期の短縮を計ると共に品質の良い物をお客様に提供する。
市	12	～5	50		5	2	4	8	増築工事があった場合に対応できる方がよいため。
	4	～5	60		2	7	1	9	建築工事（木造）を全てこなせるようにしたい。
	17	～5	60		4	2	7	9	墨付けから一通り木造住宅を任せられる職人の育成
	10	～5	60		7	4	5	8	現代では、大工と言っても、分業化されていたり、技術の修得できる機会が少なくなってきているが、上記は「大工」として、昔から必要な技術であり、弊社として「大工」の技術をひとつの特徴としていきたいため。
市	8	～5	50	4:内部造作	3	6	8	9	どれも必要だと思います。
市	12	5～10	60	5:和室造作	3	8	9		1（フレーマー）、2（プレカット）、6（多能工）、7（断熱施工）は覚えるにさほど大変ではない。プレカット化している現代にこそ伝統的な要素を覚えて欲しい。
市	20	～5	60	6:多能工	7	2	3	4	現在の業務内容で新築に比べリフォームが多くなってきており、多能工的な技術、断熱技術の知識の習得を必要と考えている。新築を1棟任せられる大工には育成していきたいと考えている。
中核市・特例市	5	～5	40	9:顧客対応	2	4	8	3	大工は住む人を思って作るのがあたりまえ。作業員ではないから。他は、需要の優先度。1,7（建て方から金物取付けができる大工（フレーマー）、断熱仕様を理解して施工ができる大工）に関しては誰でもすぐできる。
市	33	10～20	60	―	―	―	―	―	当社はリフォーム部門の受注比率が高く、多能工技術を必要としている。

表 3-2-11 目標とする大工像 順位をつけた理由（**関東**）

地方公共団体	正社員数	年間新築元請棟数	年齢	目標とする大工像 1位	2位	3位	4位	5位	理由
指定都市	40	10〜20	40	2:プレカット	4	6	8	9	現段階では現場の監督で管理はしていける状態の為、最低限として在来工法が出来る大工を確保したい。今後は監督不足も考えると顧客対応や管理を任せられれば尚良いと考える。
市	7	〜5	50		1	3	8	9	全て兼ねそなえた人材が欲しいです
	4	10〜20	40		7	3	4	9	プレカットの技術が進み、新築の場合は刻み無しなので、ケイビな増築などの対応は刻み必要な為。
	6	10〜20	50		1	4	8	9	全ての大工仕事はベテランでなければなので。
指定都市	10	〜5	60	3:墨付け手刻み	9	8	4	5	優秀な人材の確保
中核市・特例市	4	〜5	60		4	5	2	7	小規模の増築等の引き合いが多いため
	6	〜5	70		4	5			今度木造住宅を存続させるには必要な技術です。現在もプレカットと両用しています。
	7	5〜10	40		2	8	4	6	当社の社員大工はすべて墨付け・手刻みができる大工であるので先輩の技術を継承しつつ現代のニーズに対応でき現場管理もでき断熱施工が重要だと理解できる大工さんに育成したい
市	3	〜5	50		6	9	2	8	理想…
	2	〜5	50		7	4	8	9	これまでの技術を残したい
町・村	5	〜5	30		5	2	4	6	プレカットの時代ではあるが墨付け、手刻みに対応し木造住宅全てを任せられる大工が必要と考えている。
	34	20〜50	50		4	5	8	9	木造の難しい仕事を受注したいから。
特別区	3	〜5	50	4:内部造作	6	8	9	2	大工としての基本が出来て、多能工も出来る事で施主対応が出来る。
	20	-	50		6	2	1	8	内部造作が出来る、若い職人の育成を考えている
中核市・特例市	4	〜5	70	5:和室造作	4	2	7	6	木材の加工精度大切さ。まず木の使い方を覚えてもらいたいその流れの中で、いろいろと教えていきたい。家は大工さんがいないとなりたたないと思う。
指定都市	10	5〜10	50	6:多能工	8	2	4	9	リフォームの需要がふえるため
市	3	5〜10	60	7:断熱理解	9	3	2	5	気密住宅及び省エネ改修を手がけているため。また、多能工はどっちつかずになるので興味がない。
市	2	0	40	9:顧客対応	8	7	4	2	技術力以上に現場をまとめる知識や、施主とのコミュニケーション力が大事だと思う。男女外国人問わない。

表 3-2-12 目標とする大工像 順位をつけた理由（**北陸・甲信越**）

地方公共団体	正社員数	年間新築元請棟数	年齢	目標とする大工像 1位	2位	3位	4位	5位	理由
中核市・特例市	30	〜5	40	2:プレカット	4	1	7	8	すみ付作業は、ほぼ無い→墨付（+）伝統的和室等はセットで専門化するしかないかと思う。伝統的和室を希望されるお客様は非常に少ない。
	2	〜5	50		4	5	6	7	木造住宅は分業制ではダメ。弊社は全てにおいて自社大工（契約を含む）で完結するようにしている。
	50	100〜	40		8	9			在来工法の建物を施工出来る人材育成を目的としている為
市	5	〜5	50		4	8	9	5	プレカットは現代では当たり前だから。その他毎日いる大工さんが工事管理できると、会社は助かる。
町・村	25	10〜20	50		4	3	7	9	まずは一棟任せることができること

地方公共団体	正社員数	年間新築元請棟数	年齢	目標とする大工像					理由
				1位	2位	3位	4位	5位	
中核市・特例市	3	0	40	3:墨付け手刻み	5	4	1	2	何でもできる在来工法の大工
	5	～5	40		5	4	9	2	若手大工の減少、担い手の育成
	11	～5	50		7	1	4	8	弊社は手刻みにこだわっているので、手刻みは真っ先に覚えてもらうようにしている。その後、建前等を踏まえ、フレーム組、内装工事等を覚えてもらう。弊社では高気密・高断熱住宅が基準となっているので、断熱工事の工法、知識も順位が高くなる。
	22	10～20	50		4	7	2	5	当社の大工は、基本的に墨付け手刻みができることを旨とする。
	12	20～50	50		4	5	6	8	本来の技術の継承
市	2	0	70		4	6	1	2	手刻みのできる大工であれば、その他作業も容易にできると考えている。
	4	～5	60		4	5	9	1	和室造作の施工できる人材にて、ハウスメーカーとの違いを演出する
	8	～5	60		4	5	2	8	昔ながらの大工仕事が出来る職人を育成して、技術を残していきたい。
	30	10～20	50		5	7	8	9	当社の新築物件は全て墨付け・手刻みをしており、古民家の大規模改装、寺社の修繕を依頼されることも多く、木組みを学び続ける必要がある。また伝統技術と高断熱を融合させているので、適切な断熱材加工も必須の技術と考えている。
町・村	3	5～10	60		4	5	7	2	増築工事の場合は、墨付け・手刻みの加工が必要なため
	12	10～20	70		5	2	8	9	リフォーム工事には手加工が必要であり、既製品の対応が無理な場合が多い為。
中核市・特例市	14	～5	60	4:内部造作	7	8	6	2	木材を使った仕上が出来る必要がある。GW断熱なので、防湿・気密・断熱を理解しないと欠陥住宅になるため。
市	6	～5	60		2	9	8	3	当社の大工工事に必要としている技術
	2	-	30		3	9	8	6	一般的な大工工事ができて、リフォームに対応できる墨付け、手刻みの技術を持ち、お客様に対して、要望、相談に臨機応変に対応できる人材育成をしていきたい。
中核市・特例市	19	5～10	50	6:多能工	1	4	9	8	物件棟数が減る事も考え、多能工化して行きたい。マルチに働ける人材がいいと思う。
中核市・特例市	3	～5	30	8:工事管理	6	9			リフォーム対応を考えると、管理や顧客対応が大切
	50	～5	40		9	6	2	3	元請として管理を兼務する効率を求めるリフォームには、多能工社員を増やしたい
	17	10～20	40		9	7	7	6	現場管理者不足、営業レスでの会社運営、リフォーム工事への対応
市	3	～5	40		7	9	3	4	大工職の減少、管理職の社員の減少に伴う仕事の効率化が必要と思われる。
中核市・特例市	5	～5	60	9:顧客対応	3	5	7	8	・コミュニケーションが必要な仕事だと思うから。・大工として墨付け、和室は誇りの持てる仕事だと思うから。
	3	～5	70		2	3	1	5	施主の細かいニーズに対応したい。
市	4	5～10	40		7	2	4	8	若年でていねいな大工が必要

表 3-2-13 目標とする大工像 順位をつけた理由（**中部**）

地方公共団体	正社員数	年間新築元請棟数	年齢	1位	2位	3位	4位	5位	理由
市	1	0	50	1:フレーマー	3	5	4	8	未来に向けた考え
中核市・特例市	2	～5	50		4	7	8	9	性能重視の住宅に特化しているが、世界的状況を考えると、性能重視の将来的なニーズは高まると考えている。しかし、それとは別に、構成の住宅を取得できないローコストと二極化するものと考えている。高性能は住宅を創る職人には、ただ物を作るだけではない人間性や管理能力も必要と考えている。
	4	～5	50		4	3	5	6	基本的に建て方から造作全てができる大工を育成したい。
市	1	～5	30	2:プレカット	9	4	7	6	基本的な技術は当然必要で、リフォーム現場では手刻みの知識もないと対応できない事も多い。
	4	～5	60		3	4	7	8	墨付け、手刻みが基本と考えてはいるけどプレカットで一棟任せられる大工を望んでいる
	4	～5	60		4	8	9	3	プレカットが標準仕様ですので、造体作業ができる大工さんを育成するため
	16	5～10	50		4	7	3	8	プレカットで一棟を任せられる大工を標準と考えている。新築、リフォーム対応を考慮すると、墨付け、手刻みの加工等が出来、気密、断熱仕様の知識、技術等の工事管理監督も可能にしたい。
	4	0	60		8	4	9	7	消費者のニーズに対応できる人材
町・村	15	10～20	60		4	5	3		プレカットが当たり前になり、建方、造作中心の大工作業となったが、基本的に墨付け、キザミも習得しておく必要アリ。
市	2	～5	50	3:墨付け手刻み	5	6	9		墨付け加工できない大工は大工ではありません。
	5	5～10	40		5	4	8	9	本来の素晴らしく、モノづくりの楽しさや、やりがいある大工になってもらいたい。あとは世の中の時代に即した人間力溢れた職人さんになってほしい。人間力なくして技術力の向上なし。
	18	20～50	50		2	5	4	2	墨付け、手刻み、和室造作ができる大工を必要があると考えてます。
	7	～5	50		9	8	5	2	大工としてやりがいを感じて、仕事をする必要性
市	3	～5	40	4:内部造作	7	8	9	3	丁寧な仕事ができる大工にしたい
	6	5～10	50		7	9	8	6	大工職人にもなぜその工程の仕事が必要なのか？理解した上で業務に携わってほしいから。
指定都市	2	～5	40	8:工事管理	9	3		4	現状、当社の仕事内容に直結して考えました。特に昔気質の仕事の腕はあるが、コミュニケーションをとれないのはマイナス要因に繋がることが多いと思います。（8.工事管理ができる大工（監督）、9.顧客対応ができる大工、選択の理由）
市	4	～5	40	9:顧客対応	8	2	4	3	顧客対応が出来る、任せられる様な人間力を身に付けてほしい。

表 3-2-14 目標とする大工像 順位をつけた理由（近畿）

地方公共団体	正社員数	年間新築元請棟数	年齢	目標とする大工像					理由
				1位	2位	3位	4位	5位	
指定都市	89	50〜100	50	2:プレカット	4	1	7	3	一棟丸々施工を任せられる事が理想。フレミング部隊は揃っているので、内部造作が今後の課題です。
中核市・特例市	11	20〜50	30		3	4	9	6	プレカットを用いた木造住宅を任せられる能力が必要であり、その後リフォーム時にも顧客の対応が出来るような人財が欲しい。
市	9	5〜10	60		4	8	9	6	主の仕事なので、最低これができないといけないと考える。2・8・9・6（プレカット構造材を用いた木造住宅をまかせられる大工・工事管理ができる大工・顧客対応ができる大工・一般的な大工工事に加え、クロス住設機器取付けなどの多能工的な他工事の施工ができる大工）は、次にこれという順位です。何でもできるというのは、より良いですが。
町・村	5	〜5	60		4	7	8	9	建方から内部造作仕上等を任せられる大工。
市	13	10〜20	50	3:墨付け手刻み	4	5	8	9	大工職人として独立可能な人材になるよう、また、顧客対応が出来る（営業・会社経営につなげられるように）
町・村	1	0	50		4	5	2	1	今後墨付加工が出来る者が少なくなる。昔の構造が理解できなくなる。
	2	〜5	60		2	8	4	9	2人で1日1.5〜2人工分の仕事がしたい
市	0	0	20	5:和室造作	3	2	4	9	基礎の困難な経験をすれば、その他に応用は可能だから。
	6	〜5	50		3	4			伝統的な建築物を改修する機会が多いので、手加工の出来る大工でないと、仕事が出来ません。その機会を増やすため、手刻みも自社で行っている。今しないと手刻みできる大工がいなくなると思います。
指定都市	3	5〜10	50	6:多能工	9	6	7	2	現場監督が全ての現場を見れない為
中核市・特例市	50	50〜100	40	8:工事管理	6	9	7	1	現場単位で監督社員と同等のスキルと考え方を有する人材に集まってもらいたい。
町・村	7	〜5	50		6	2	7	4	現場を安心してまかせられる大工に育てたいので、将来は免許も取得させたい。
中核市・特例市	25	20〜50	50	9:顧客対応	4	8	3	2	当然施主とのやりとりは必然であるから。
	40	100〜	50		8	6	7	2	多能工、施主のコミュニケーションを重視したため
町・村	1	0	60		8	2	4	3	どのような現場、物件においてもお客様に対応ができ、現場を任せられる職方で欲しい。

表 3-2-15 目標とする大工像 順位をつけた理由（中国・四国）

地方公共団体	正社員数	年間新築元請棟数	年齢	目標とする大工像 1位	2位	3位	4位	5位	理由
中核市・特例市	7	〜5	40	1:フレーマー	2	3	4	5	大工としての技能を優先しているため
	11	10〜20	60		6	8	9	4	仕事の効率化及びミス防止、ならびに多能工化
市	1	〜5	30		2	9	4	6	建て方の際に人手を要するから。
	150	100〜	50		4	9	7	8	自社で構造材のパネル化を確立しており、外注大工で対応しているが、やはり自社で施工を全て行なったほうが品質の統一がとれると考えているため。
指定都市	10	5〜10	40	2:プレカット	8				材料の手配等の段取りをよくしたい。
中核市・特例市	15	10〜20	50		4	3	6	7	プレカットで一棟を任せられる大工を育成に力を注いでいる。
	20	20〜50	50		4	7	9	8	手刻みの物件・建物が減少し、プレカットが主流になっている。その為、プレカットに対応できる大工がいれば現場はできあがるから。
市	1	〜5	40		4	6	8	7	2（フレーマー）、8（工事管理監督）、7（断熱仕様ができる大工)新築工事の現場打合せが容易になる。4(内部木造造作ができる)、6（多能工的大工）小規模リフォーム工事が容易になる。
	7	〜5	60		4	3	7	6	従来の技術に加えて、多能工的な技術も習得して欲しい為。
	4	〜5	70		4	6	9	8	建て方から造作が出来る大工、工事管理、客対応が出来る大工にしたい。
	31	100〜	40		4	5	7	9	構造材はプレカットで一棟を任せられる大工を標準と考えている。最低限、大工としてしてほしい内容。
中核市・特例市	7	〜5	40	3:墨付け手刻み	4	5	7	8	木の性質を理解し伝統的な工法から現代の工法まで幅広く技術や知識を習得して欲しい
	10	〜5	40		7	5	2	4	住宅の構造を理解し、新築はもちろん、リフォームや大規模改修まで対応ができる大工になってもらいたい。大工の基本が身に付いた大工になってほしい。
	−	〜5	60		2	6			現状を維持したい
	30	10〜20	40		5	4	8	9	手仕事メインの仕事だから
	12	20〜50	60		4	1	2	5	弊社が建てる家が、常に墨付け・手刻みを必要とする家であるから
市	6	〜5	40		6	8	4	9	全ては木造建築が理解出来ていないと応用が効かないと思うから。
	4	〜5	60		5	8	7	9	弊社の育成方法で実践しているから。
	10	〜5	60		5	4			本物の職人として育てたい
	13	〜5	70		4	5	2	6	仕上がりを見た時に大工の技量の良さが際立つ在来工法の住宅を任せられるような、人材を確保したいから。
	16	10〜20	50		9	8	5	4	技術力の高さを維持し同業者との競争に負けないため
	24	20〜50	50		5	8	2	4	大工としての基本的な事が良く解っている事
	3	-	40		8	9	6	4	現在も手刻み加工を要する木造住宅を提供しているから

104

地方公共団体	正社員数	年間新築元請棟数	年齢	目標とする大工像					理由
				1位	2位	3位	4位	5位	
中核市・特例市	9	〜5	70	4:内部造作	3	7	2	8	従来の墨付け・手刻みも出来、古民家リフォームや既存住宅も対応できる様になることを望む。
市	6	〜5	30		6	8	5	2	図面がわかり、自分で段取ができる大工を育成したい。
	5	〜5	40		3	5	8	6	内部木造造作ができることが標準の大工と考えている。今後リフォーム需要が高まれば、応用力が必要となる為、従来の手刻み技術が必要になってくる。分業化と考えれば、大工が監督として対応できるのが望ましい。
	4	-	50		2	1	3	5	1〜5（フレーマー、プレカット構造材、墨付け・手刻み、内部構造造作、伝統的な和室造作）が出来なければ大工でない。呼び名が必要。1〜4（フレーマー、プレカット構造材、墨付け・手刻み、内部構造造作）までは順位はない。これからは8,9（工事管理監督、顧客対応）が求められる。一人立ちしても自立できるのでは…。
町・村	10	〜5	50		4	5	8	9	増改築、リフォーム等建築の基礎を理解し、施工監理できる大工を確保したいため。
	4	5〜10	40		7	8	9	2	家全体の管理を任せれるから
市	2	〜5	40	5:和室造作	2	1	4	7	古民家リフォームをしたい
市	1	0	40	6:多能工	4	9	7	8	他業種との取り合いがわかる方が工事がスムーズだから
	1	〜5	40		8	9			リフォームを前提に考慮した場合、多能工だと助かる。できれば電気工事も一緒だと尚良い
	20	20〜50	40		2	8	9	1	リフォーム対応等での総人数を減らせるから
中核市・特例市	12	5〜10	50	8:工事管理	3	4	5	9	工事管理を併用することでいろいろな最新の技術、工法、仕様を知識として得られ、日本古来の伝統を継承出来る為
市	6	〜5	70		7	9	6	2	顧客に対してしっかりとした対応をして、信頼関係を築ければ、後々顧客がリフォーム工事等を考えた時に真っ先に相談が来て、商談につながりやすいため。
町・村	4	〜5	60		2	3	4	6	大工の技術もだが、監督ができれば品質管理もできる。もしケガをしても仕事が出来る。
	5	10〜20	40		4	3	7	9	大工の技術はもちろん、工事全体を考慮できる人材を希望する。
指定都市	0	0	40	9:顧客対応	8	7	5	4	放っておいて大丈夫じゃないと結局手を取られるので、人を雇う意味がない。だから本当は全部出来ないといけない。
市	0	0	40		8	4	3	2	リフォーム工事をメインでできているのは、クレームにならないようしっかりと打合せをして、施工に満足してくださった顧客の口コミ・繋がりによるものだから、その姿勢を変えようという気持ちはなく、同じ考えを持った大工を育成したいため。
	6	〜5	60		8	3	4	6	今の時代仕事（大工）だけができるのでは通用しない。1〜9（フレーマー、プレカット構造材、墨付け・手刻み、内部構造造作、伝統的な和室造作、多能工、断熱施工、工事管理監督、顧客対応）全てができる大工を育てたい
	35	20〜50	-		8	3	2	7	大工の技術はもとより、今後お客様に満足頂けるには接遇力が不可欠。大工以外にも広い視野を備える技術者が必要。

表 3-2-16 目標とする大工像 順位をつけた理由（九州・沖縄）

地方公共団体	正社員数	年間新築元請棟数	年齢	目標とする大工像					理由
				1位	2位	3位	4位	5位	
市	6	5～10	60	1:フレーマー	3	4	7	8	大工が不足している分と、内部の造作が出来る大工が不足しているので、大工を早く育てる事が優先になる。
中核市・特例市	10	5～10	60	2:プレカット	3	9	8	1	プレカットで一棟を任せられる大工であることが最低条件。大工といえど、サービス業として顧客対応も大事。
市	8	5～10	40		3	8	4	5	墨付け・手刻み加工からの技術を教えたいが、手間と時間を考えると、プレカットでの住宅建築が一通りできるほうを優先的に考える。将来的には基礎から屋根まで住宅建築の構造を理解し、施工できるようになってほしい。
	25	5～10	60		3	4	5	8	墨付け、手刻みのできる大工の育成が最終目標であるが、緊急の目標としてプレカット構造材を用いた木造住宅を任せられる大工をあげた。
	12	10～20	40		4	7	9		一棟を任せられる、造作なども多く対応できる大工、断熱の知識が必要と考えている。
	3	10～20	60		4	6	7	8	育成しやすい順番で考えました。
	6	10～20	60		3	4	5	8	他社との差別化を考え、大工を育てて行きたい。増築など仕口が必要な墨付けなど出来、手刻みが必要な物件など手掛けて行きたい。
中核市・特例市	2	～5	40	3:墨付け手刻み	5	6	8	9	増改築工事、リフォーム工事に伴う際に必要なため
	2	～5	60		4	5	2	1	在来工法を残す為
町・村	20	10～20	60		5	6	7	8	大工工事を、習得した大工が現場管理者に成った場合、木工事の納まりがよく分かり、スムーズな現場進行とコスト管理ができる。
指定都市	10	～5	40	4:内部造作	6	7	8	2	基本的な内容を理解しているだけでは弱い。付加価値をどれだけ持っているかが重要。
町・村	3	10～20	70		1	2	3	5	木造プレカット工事が多いため
市	5	～5	50	5:和室造作	3	2	4	8	今のままでは和室造作や墨付け・手刻みできる大工がいなくなりそう。
中核市・特例市	7	10～20	40	6:多能工	8	9	1	2	ある程度工場生産が進んでいる現代の建築において、業種を絞った職人ではなく、オールマイティに動ける職人の需要がある。
市	11	～5	40		3	4	9	8	リフォームを中心として行っているので、色々な対応が出来るようにしておきたい
中核市・特例市	2	0	30	8:工事管理	9	1	3	6	現場全体を任せて、自分が他の仕事をできる様にしたい。責任を明確にしたい。
市	6	5～10	50		9	7	6	1	現場を任せられる大工を標準と考えている為
市	9	20～50	30	9:顧客対応	1	2	3	4	大工の自立

2.17 工務店等の経営者の年齢 設問(12)

60歳以上の経営者の割合が高い地方は北海道、東北、九州。地方公共団体規模で見ると小さくなるほど60歳以上の経営者の割合が増し、町・村では4割強。

　工務店等の経営者の年齢を図3-2-73～図3-2-75に示す。

　全体を見ると、50歳代、60歳代、40歳代の順で多く、それぞれ29.7%（212件）、28.7%（205件）、25.9%（185件）である。

　地方別に見ると、60歳以上の割合は「北海道」（46.1%）、「東北」（45.9%）、「九州・沖縄」（41.5%）の順で高い。20歳代及び30歳代の割合が比較的高い地方は、「近畿」で12.0%である。

　地方公共団体別に見ると、規模が小さくなるほど60歳代以上の割合が高くなる傾向があり、「町・村」の60歳代以上の割合は、41.9%である。

　年間新築住宅元請け棟数別で見ると、「50～100棟」で「40歳代」（46.2%）及び「50歳代」（38.5%）の割合が高い。

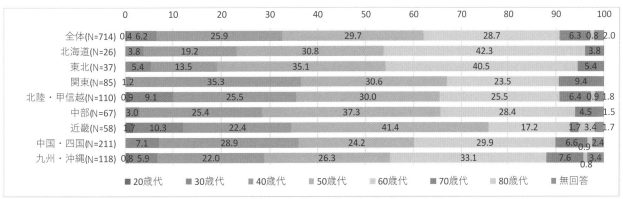

図3-2-73 経営者の年齢の回答割合（%） 地方別

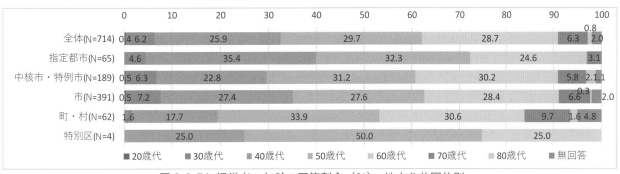

図3-2-74 経営者の年齢の回答割合（%） 地方公共団体別

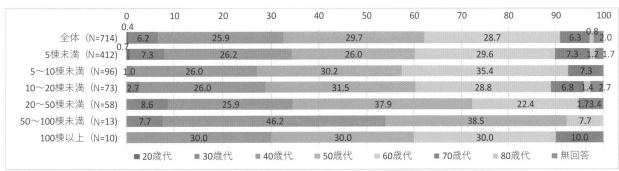

図3-2-75 経営者の年齢の回答割合（%）年間新築住宅元請け棟数別

2.18 工務店等の後継者の有無及び「無」の場合の今後の意向　設問（13）

後継者有の工務店は半数以下。後継者有の割合が高く、売却・廃業予定の割合が低い東北。後継者無の割合が高い北海道。売却・廃業予定の割合が高い中国・四国。指定都市で売却・廃業予定の割合が高い。また、年間新築棟数5棟未満で売却・廃業予定の割合が高い。

工務店等の後継者の有無及び今後の意向を図3-2-76～図3-2-79に示す。また、今後の意向における「その他」の内容を表3-2-17に示す。

全体を見ると、「有」の割合は46.8%（334件）で、「無」の49.4%（353件）を下回る。「無」で「売却もしくは廃業」を回答した割合は13.4%（96件）である。

地方別に見ると、「有」の割合が最も高いのは「東北」で59.5%（22件）で、最も低いのは「北海道」で23.1%（6件）である。「無」で「売却もしくは廃業」を回答した割合が最も高いのは「中国・四国」で18.5%（39件）、最も低いのは「東北」で5.4%（2件）である。

地方公共団体別に見ると、「指定都市」で後継者「有」の割合が低く、後継者がいなく「売却もしくは廃業する」及び「その他（未定等）」を回答している割合が高い。

年間新築住宅元請け棟数別で見ると、「5棟未満」での後継者「有」の割合が低く、後継者がいなく「売却もしくは廃業する」を回答している割合が高い。

工務店等の経営者の年齢別に見ると、当然ではあるが、年齢が上がるほど後継者「有」の割合が高くなり、後継者は未だいないが、「後継者を養成する」の割合が低くなる傾向がある。

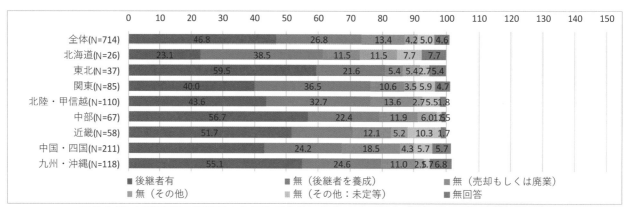

図3-2-76 工務店等の後継者の有無及び今後の意向の回答割合（%）地方別（複数回答有）

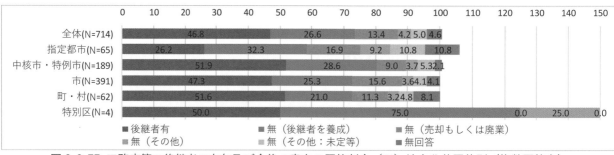

図3-2-77 工務店等の後継者の有無及び今後の意向の回答割合（%）地方公共団体別（複数回答有）

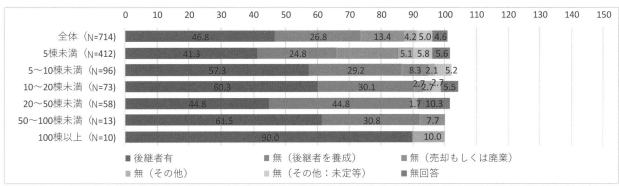

図 3-2-78 工務店等の後継者の有無及び今後の意向の回答割合（％）年間新築住宅元請け棟数別（複数回答有）

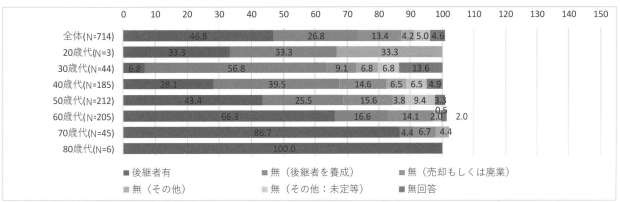

図 3-2-79 工務店等の後継者の有無及び今後の意向の回答割合（％）経営者の年齢別（複数回答有）

表 3-2-17 後継者無しの今後の意向におけるその他の内容（「その他」を選択し無回答 13 件）

地方	地方公共団体	正社員数	年間新築元請棟数	年齢	その他内容
北海道	指定都市	69	100〜	60	社内及びグループ内からの人材登用
		4	0	40	55 歳を超えた時に検討しようと思います
	中核市・特例市	5	−	40	事業を継承したばかりなのでまだ考えていない。
東北	市	13	20〜500	40	交代したばかり
関東	中核市・特例市	2	〜5	50	出来る限り続けるが、あとのことはまだ考えていない
	市	13	5〜10	60	息子を何とか継がせる方向性を考えたい。
北陸・甲信越	中核市・特例市	30	〜5	40	まだ決められない。廃業もありえる。
		3	〜5	70	リフォーム関係の仕事に取組（過去 40 年近くやってきたのでメンテナンスを含）
中部	指定都市	2	〜5	40	長男が社長の為、兄弟が継続する可能性がある
近畿	指定都市	3	5〜10	50	不動産管理業とする
	市	0	0	20	今年から経営をするため、後継者はまだ考えていない
中国・四国	指定都市	7	10〜20	70	後継者の養成が不充分な場合は M&A も検討する
	中核市・特例市	3	〜5	40	まだ継いだばかりなので
		11	〜5	40	継続できる業界であるか、10 年後見極め方向性を考える。
	市	3	〜5	50	若い人材が続かない
		6	〜5	30	経営者が若く、父も手伝っている。子供はまだ小さい。
九州・沖縄	中核市・特例市	4	0	30	開業したばかりのため、そこまでの考えには至っていない。

3. 工務店等を対象としたアンケート調査の結果全体から考えられること

3.1 回答数による注意点

本アンケート調査は、一般社団法人全国住宅産業地域活性化協議会の地域の会の事務局である流通店会員より事業者会員（工務店等）に配布いただいた。都道府県を超えて配布いただいたものもあったが、基本的には地域の会の無い都道府県からの回答は少ないもしくは無い。特に「中国・四国」は山口県からの回答が6割強を占めており、四国からの回答は4%に満たない。また、「九州・沖縄」は長崎県、鹿児島県、福岡県からは20件以上の回答があったが、大分県、宮崎県、沖縄県からの回答は無い。

その他に、各地方の回答を地方公共団体で分類すると偏りがある。例えば、一般的に「市」からの回答が最も多くなるが、「北海道」は「指定都市」からの回答数が「市」からの回答数より多く、「九州・沖縄」は「市」よりも「中核市もしくは施行時特例市」からの回答数が多かった。また、「北陸・甲信越」は「指定市」からの回答は無い。

今回得られた結果とは異なる地域による差や都市の規模による差があることを前提に、結果を見る必要がある。

3.2 地方別のまとめ

①北海道

新築10割の工務店が比較的多い。専属大工の提携と定着は比較的良好であるが、社員大工の新卒雇用・定着が苦しい。また、自社育成の割合が低い。工務店経営者の高齢化が比較的進んでおり、後継者無しの回答が多いがその半数は今後後継者を養成する意向。

生産力確保としては、労働条件の改善と共に、社員大工及び専属大工に頼る意向が高い。地域での若手大工の育成も求められており、社外の大工（親方）に次いで、他の工務店、教育支援機関による育成志向が高い。外注化、機械化・パネル化の意向は低い。フレーマーとプレカットで1棟を任せられる大工が重視されている。

②東北

平成29年度実績を見ると新築志向が高めであるが、東日本大震災の復興が反映されていることも考慮する必要がある。元請けが多く、専属大工よりも社員大工に頼っている。社員大工の雇用が多いが退職も多く、ベテラン大工の退職が多い。高校や職業訓練校からの紹介が他の地方より多い点が特徴である。自社育成の割合は比較的高い。工務店経営者の高齢化が比較的進んでいるが、後継者有りの回答が多く、売却・廃業の回答割合は低い。

生産力確保としては、社員大工の長期雇用が他の地方より重視されており、加えて機械化・パネル化での対応意向がうかがえる。専属大工は現状でも将来的にも他の地方と比べて求められていない。墨付け・手刻みで1棟を任せられる大工が他の地方よりも重視されている。

③関東

年間1億円未満の工事高の工務店の割合が比較的低い。社員大工の雇用・退職共に少なく、専属大工に頼っている。

生産力確保としては、今後も専属大工に頼る意向が高く、労働条件の改善によって増やす意向がうかがえる。社員大工は現状でも将来的にも他の地方と比べて求められていない。全体と同様に墨付け・手刻み、プレカットで1棟を任せられる大工が重視されている。他の地方よりも内部造作が出来る大工、多能工大工が求められている点が特徴的。

④北陸・甲信越

全体的に全体平均と同様の傾向を示している。社員大工の雇用・退職も全体平均程度。専属大工の出入りが比較的活発である。社員大工の育成状況は全体平均に近いが、自社育成の割合は低い。

生産力確保としては、労働条件の改善と共に専属大工を増やす、社員大工の長期雇用の意向が高く、一方、外注化、機械化・パネル化の割合は他の地方と比較して低めである。墨付け・手刻みで1棟を任せられる大工が抜きん出て重視されている。伝統的な和室が他の地方と比較して高めで、伝統技術を重視している様子がうかがえる。

⑤中部

年間新築住宅元請け棟数及び工事高が全体よりやや多いもしくはやや高い。社員大工の雇用割合は全体よりも高めで、新卒の割合が高い。専属大工との提携割合が全体のうちで最も高い。専属大工やその仲間からの紹介がほとんどである。想定される育成の協力相手も社外の大工が多い。

生産力確保の方策としては、大工の労働条件の改善と共に、社員大工の長期雇用、専属大工を増やすが同数で1位であり、社員大工及び専属大工両方に頼る意向がうかがえる。全体と同様に墨付け・手刻み、プレカットで1棟を任せられる大工が求められている。

⑥近畿

リフォーム志向が他の地方よりも高く、工事高及び元請け新築単価が比較的低い。社員大工の新規雇用は比較的低いが新規雇用のほとんどが新卒者である点が特徴的。社員大工は退職の方が多く減少傾向。専属大工との提携割合は比較的高め。また、正社員数が多く新築10割の工務店にて外国人人材の受け入れが見られた。

生産力確保としては、大工の労働条件の改善と共に、社員大工の長期雇用、専属大工を増やす意向が高い。全体と同様に墨付け・手刻み、プレカットで1棟を任せられる大工が求められている。

⑦中国・四国

近畿と同様でリフォーム志向が他の地方よりも高く、工事高及び元請け新築単価が比較的低い。社員大工の新規雇用は全体平均程度だが退職は平均以下で増加傾向。専属大工との提携割合は比較的低め。売却・廃業予定の工務店の割合が他の地方と比較して高い。

生産力確保としては、社員大工の長期雇用が抜きん出て1位に選ばれている。育成の協力相手として、他の地方よりも建材流通店の割合が高い点が特徴的。雇用・育成の割合は比較的低い。全体と同様で墨付け・手刻みで、プレカットで1棟を任せられる大工が求められている。

⑧九州・沖縄

　新築志向の強い工務店が多い。社員大工の自社雇用や新卒採用は少ないが退職も少ない。自社育成の割合は高め。専属大工の出入りが活発である。経営者の高齢化が比較的進んでいるが、後継者有の回答は比較的高い。

　生産力確保としては、労働条件の改善と共に専属大工を増やす意向が高く、外注化、機械化・パネル化の意向も高い。想定される育成の協力相手は社外の大工についで建材流通店が多い点が特徴的。全体とは異なり、プレカットで1棟を任せられる大工が最も重視されている。

3.3　工務店等を対象としたアンケート調査結果のまとめ

　1.(1)で示した社会動向（生産年齢人口の推移等）を踏まえて、本アンケート調査結果をまとめる。

・回答者は正社員5人以下、年間新築着工5棟未満の小規模な工務店が多く、元請けのみの工務店が多い。新築工事高の方が高い工務店が6割、リフォーム工事高の方が高い工務店が3割強。

・社員大工の自社雇用は回答者の3分の1程度であり、自社育成は1割強の事業者で行われている。

・新卒の確保と定着に苦労する北海道、ベテラン大工の離職が進む東北は、今後も人材確保に苦労することが、人口変化からも予想される。両地方で社員大工が多いのはこうした人材確保の難しさを示すものとも考えらえる。

・今後、生産年齢人口の減少が進んだところから、同様の減少が起きてくることが予想される。一方、関東ついで、中部、九州ではこうした現象の発生は他の地方よりも遅くなると予想される。

・生産力確保としては、全体としては大工の労働環境の改善による専属大工の確保が重視されており、経営上の負担の大きな大工社員化は、若年人材不足が深刻な東北、北海道において特に重視されている。地方でも若年人材の減少の緩やかな九州・沖縄では社員化意向は低い。

・木造住宅着工戸数自体の少ない北海道、北陸甲信越では機械化・パネル化意向は低めで、東北は、社員化意向と共に機械化・パネル化意向も高く、深刻な人手不足に両方の手段を講じようとしているとも見られる。

・大規模な供給戸数の多い工務店（ビルダー）では、生産手段の外部化意向が高く、社員化等の意向は低い。正社員が6～30人までの一定規模の工務店で、社員化、自社育成の専属大工化の意向が高い。

・育成する大工像は、長期的には墨付け手刻みの出来る大工が多く、新築から改修まで様々な対応ができる大工技術力の中核と見なされている模様。小さな町、小さな事業者ほど、この傾向は高まる。また、断熱や多能工化は、必要ながら比較的に容易に習得できる技能として、短期的な課題として捉えられている様子が伺われる。全体を通じ、基本となる技術は大工技術で、それに様々な能力を付加するという点に変わりはなく、大工技術自体を不用とする方向では考えられていない。

・一方、こうした大工の育成が、自社で行うことは、教える人材がいないことや、すぐにやめてしまうなどの人材投資効率の悪さ、経営的なゆとりのなさから、なかなか取り組めない状況が見える。

・こうしたことから、経験を積み、経営者が高齢化するほど、育成から外部化、機械化・パネル化を志向する傾向がある。また、高齢化率が他の地方より高い中国・四国にて廃業・売却予定が多い。

3.4 今後の予想

・今後、生産年齢人口の減少が北海道、東北、北陸甲信越に続き、他の地方でも進むにつれ、早晩、他の地域でも若年の大工の確保は難しくなり、これまでの社会保険負担のない専属大工の確保のみで対応することは難しくなる可能性はある。しかし、生産年齢人口に対する木造住宅着工棟数の減少する中で、工務店の余力は少ない。社会的な投資力が低下する中では既存ストックの活用比率は、新築着工に対し相対的に増える予想される。

・時間と費用の掛かる技術を有する大工の育成を各社で行うことは困難で、住宅ストックの更新・維持管理・改修を通じた長寿命化を続けてゆくためには、地域の人材として育成する仕組みが必要になってくると予想される。

（3）建材流通店を対象としたアンケート調査の結果及び分析

1. 回答のクリーニングについて
　集計に際し、回答を次の通りクリーニングした。
① 設問（2）において、実質的に取引のある工務店等数と、年間新築戸建て住宅着工棟数別の取引
　数の合計が異なる回答がいくつか見られたため、年間新築戸建て住宅着工棟数別の取引数の合計
　を有効とした。また、年間新築戸建て住宅着工棟数別の取引数を割合で回答したものは、実質的
　に取引のある工務店数にその割合を乗じて棟数を算出し、集計に用いた。
② 設問（5）において、いずれかに記入があり、他の欄が無回答であった場合は、その無回答を
　「提供していない」とみなした。また、同じ項目について「提供していない」と「工務店等の利
　用割合」に○が付いており、他の欄が無回答であった回答が1件あり、その項目を提供している
　ものとみなした。
③ 設問（13）の新築工事の受注状況については1棟受けの有無を問うことを意図した設問であっ
　たが、外装工事のみについて件数を記入した回答が1件あり、その回答は無効とした。

2. 集計結果及び分析
2.1 回答件数 設問（1）
　地方別の回答件数を表3-3-1に示す。全68の流通店会員へ配布し、3分の2を占める46件より
回答があった。

表3-3-1 地方別回答件数

地方分類	件数	割合（%）
北海道・東北	5	10.9
関東	7	15.2
北陸・甲信越	6	13.0
中部	6	13.0
近畿	7	15.2
中国・四国	10	21.7
九州・沖縄	5	10.9
全体	46	100.0

2.2 建材流通店が実質的に取引している工務店、ビルダー等（取引先）の数 設問（2）
取引数全体合計の66.5%が年間新築戸建て住宅着工5棟未満の工務店等である。
　実質的な取引数を取引先の年間新築戸建て住宅着工棟数（平成29年度実績）別及び地方別にま
とめた結果を表3-3-2、図3-3-1、図3-3-2及び図3-3-3に示す。
　ただし、どの程度の頻度で「実質的な取引」とするのかという点において回答者の捉え方に差が
あり、集計結果としては曖昧さを含んでいる。
　全体を見ると、取引数合計の66.5%が年間新築戸建て住宅着工数が5棟未満の工務店等であり、
どの地方でも年間5棟未満の取引先が最も多く、特に「近畿」（72.3%）、「北陸・甲信越」
（71.0%）、「中国・四国」（70.0%）、「九州・沖縄」（69.5%）における割合が高い。

表 3-3-2 建材流通店が取引している工務店等の数（合計）

棟数区分	建材流通店の実質的な取引数（北海道・東北で無回答1件）上段：取引数の小計（社），下段：全国または地方の取引数の合計に対する割合							
	全体 N=46	北海道・東北 N=4	関東 N=7	北陸・甲信越 N=6	中部 N=6	近畿 N=7	中国・四国 N=10	九州・沖縄 N=5
100棟超過	304	17	33	8	90	112	39	5
	1.5%	2.7%	1.9%	0.3%	2.8%	1.4%	1.5%	0.3%
50～100棟未満	524	26	69	34	119	210	53	13
	2.6%	4.1%	3.9%	1.4%	3.7%	2.7%	2.0%	0.7%
20～50棟未満	1,143	48	114	98	300	284	118	181
	5.6%	7.6%	6.5%	4.0%	9.4%	3.6%	4.4%	9.2%
10～20棟未満	1,615	70	172	202	415	356	265	135
	7.9%	11.1%	9.8%	8.2%	13.0%	4.5%	9.9%	6.9%
5～10棟未満	3,283	130	465	367	527	1,204	326	264
	16.0%	20.5%	26.4%	15.0%	16.5%	15.4%	12.2%	13.5%
5棟未満	13,623	342	909	1,740	1,737	5,664	1,868	1,363
	66.5%	54.0%	51.6%	71.0%	54.5%	72.3%	70.0%	69.5%
合計	20,492	633	1,762	2,449	3,188	7,830	2,669	1,961

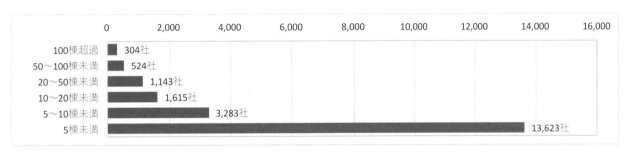

図 3-3-1 建材流通店の実質的な取引数（合計）

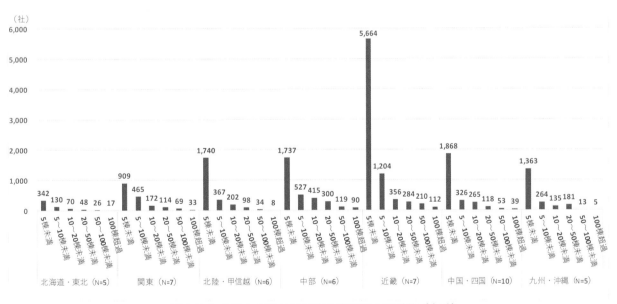

図 3-3-2 各地方の建材流通店の実質的な取引数（合計）

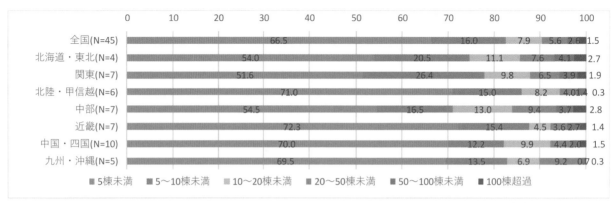

図 3-3-3 建材流通店の実質的な取引先の年間新築戸建て住宅着工棟数別の割合（％）

2.3 建材流通店の実質的な取引先のうち自社で大工を育成している取引先の数 設問（3）

取引数全体合計の 4.8％の工務店等が自社で大工を育成している。自社育成している割合が高い北海道・東北、低い九州・沖縄。全体としては、年間新築戸建て住宅着工 10 棟未満の工務店等における自社育成が多いが、地方により傾向が異なる。

実質的な取引先のうち、自社で大工を育成している取引先の数を年間新築戸建て住宅着工棟数（平成 29 年度実績）別及び地方別にまとめた結果を図 3-3-4 に示す。

設問（2）で明らかになった実質的な取引数の合計（20,492 社）に対する、自社で大工を育成している取引先の数の合計（984 社）の割合は 4.8％であった。地方別に見ると、「北海道・東北」の割合が最も高く 663 社のうち 86 社の取引先が自社で大工を育成している（13.6％）。最も低いのは「九州・沖縄」で 1,961 社のうち 44 社（2.2％）であった。

年間新築戸建て住宅着工棟数別に見ると、全体では年間 10 棟未満の取引先の割合が最も高く、5 割以上を占めており、特に「北陸・甲信越」（78.6％）、「北海道・東北」（69.8％）及び「九州・沖縄」（68.2％）における割合が高かった。しかし、「近畿」では年間 20 棟以上の取引先の割合が最も高く、「中部」では、年間新築戸建て住宅着工棟数による傾向はあまり見られなかった。

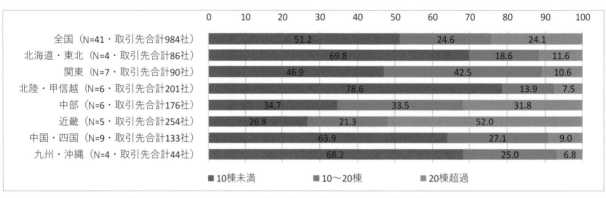

図 3-3-4 自社で大工を育成している工務店等の年間新築戸建て住宅着工棟数別の割合（％）

116

2.4 実質的に取引のある工務店等の増減動向〔過去5年(平成25年以降)〕設問(4)

> 極端な増減が起こっている建材流通店が存在し、46回答のみから傾向を把握することは難しい。工務店の新規開業は大工によるものが多い。

　実質的に取引している工務店等の増減動向を表3-3-3に示す。「近畿」の1社において極めて激しい増減があったため、その回答を除いた動向を表3-3-4に示す。

　増減が極めて激しかった近畿の1社を含めた増減率の分布を図3-3-5及び図3-3-6に示す。

　全回答の取引数合計に対する増減率は-3.5%であり、特に「近畿」が減少傾向にある(-9.5%)。一方、「北海道・東北」は増加傾向にある(14.5%)が、「北海道・東北」の全5件のうち1件の回答のみが10%以上の増加率を示しており、他4件は±5%未満である。

　増減が極めて激しかった近畿の1社を除くと、取引数合計に対する増減率は-0.2%であり、最も減少傾向にあるのは「中部」の-2.9%である。

　二つの表を見比べると、「実質的な取引先」の捉え方が回答者によって差がある中で、数社における極端な回答により全体の傾向が変わってしまうため、46回答のみから傾向を把握することは難しい。

表 3-3-3　実質的に取引している工務店等の動向(平成25年以降の過去5年間)

地方分類	現在の合計取引数(社)	廃業・売却等により減じた工務店等の合計数(社)	新規開業した工務店等の合計数(社)	増加数-減少数(社)	取引数合計に対する増減率(%)	新規開業工務店等の出身母体(社)			
						大工	建材流通店	設計事務所	その他
全体(N=46)	20,492	2,182	1,456	-726	-3.5	717.5	40	67.5	84
北海道・東北(N=5)	633	67	159	92	14.5	9	0	2	3
関東(N=7)	1,762	78	53	-25	-1.4	8.5	0	6.5	19
北陸・甲信越(N=6)	2,449	91	96	5	0.2	45	8	3	6
中部(N=6)	3,188	136	45	-91	-2.9	31	0	5	6
近畿(N=7)	7,830	1,604	857	-747	-9.5	523	6	18	5
中国・四国(N=10)	2,669	156	112	-44	-1.6	35	6	13	17
九州・沖縄(N=5)	1,961	50	134	84	4.3	66	20	20	28

表 3-3-4　実質的に取引している工務店等の動向(平成25年以降の過去5年間)(近畿の1回答を除いた結果)

地方分類	現在の合計取引数(社)	廃業・売却等により減じた工務店等の合計数(社)	新規開業した工務店等の合計数(社)	増加数-減少数(社)	取引数合計に対する増減率(%)	新規開業工務店等の出身母体(社)			
						大工	建材流通店	設計事務所	その他
全体(N=46)	14,492	682	656	-26	-0.2	217.5	40	57.5	84
北海道・東北(N=5)	633	67	159	92	14.5	9	0	2	3
関東(N=7)	1,762	78	53	-25	-1.4	8.5	0	6.5	19
北陸・甲信越(N=6)	2,449	91	96	5	0.2	45	8	3	6
中部(N=6)	3,188	136	45	-91	-2.9	31	0	5	6
近畿(N=7)	1,830	104	57	-47	-2.6	23	6	10	5
中国・四国(N=10)	2,669	156	112	-44	-1.6	35	6	13	17
九州・沖縄(N=5)	1,961	50	134	84	4.3	66	20	20	28

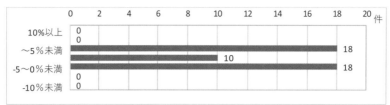

図 3-3-5 取引数増減率別の回答数（件）全体

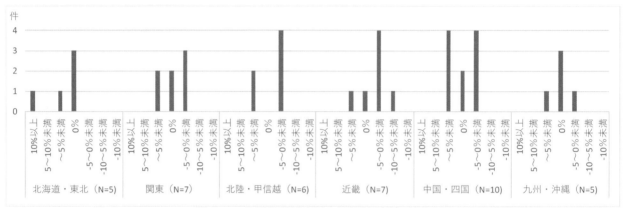

図 3-3-6 取引数増減率別の回答数（件）地方別

　新規開業した工務店等の出身母体について、各出身母体の記入社数を全体もしくは地方別に合計し、全体もしくは地方別の新規開業数の合計で除した割合を図 3-3-7 に示す。増減が極めて激しかった近畿の 1 社を除いた場合の割合を図 3-3-8 に示す。その他の内容を表 3-3-5 に示す。

　工務店等の新規開業は大工によるものが多い。無回答の割合が多いため、地方の比較はし難い。その他の内容を見ると、工務店や建設会社からの独立も見られる。

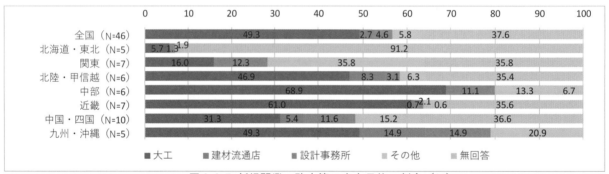

図 3-3-7 新規開業工務店等の出身母体の割合（％）

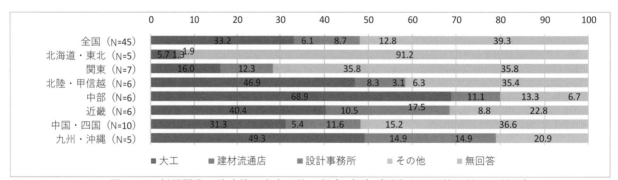

図 3-3-8 新規開業工務店等の出身母体の割合（％）（近畿の 1 回答を除いた結果）

表 3-3-5 新規開業工務店等の出身母体のその他の内容

地方	新規開業した工務店等の出身母体　その他の内容	その他の新規開業数
北海道・東北	廃業先の社員	3
関東	リフォームから独立	1
	販売店	5
	その他を選択し、無回答	13
北陸・甲信越	ハウスメーカー、工務店から独立	6
中部	リフォーム店より	2
	不動産業	4
近畿	クロス業者設備業者等	5
中国・四国	不動産、造園他	7
	電気工事	1
	他社から独立、水工店等	7
	工務店からの独立	2
九州・沖縄	建設会社から独立	28

2.5 建材流通店による工務店等への営業・技術支援の状況 設問(5)

全体として、保険・保証関連手続きの支援、省エネに関する情報提供の利用割合が高い。

　各支援に対する工務店等の利用割合を、1〜3割を2割、4〜6割を5割、7〜9割を8割、ほぼ全社を10割として、各建材流通店の取引数を乗じて利用社数を算出した。それらを全体もしくは地方別に合計し、全体もしくは各地方の合計取引数で除した値が、0以上0.5未満であれば「提供無しもしくはほぼ利用無し」、0.5以上3.5未満であれば「2割程度」、3.5以上6.5未満であれば「5割程度」、6.5以上9.5未満であれば「8割程度」、9.5以上であれば「ほぼ全社が利用」としてまとめた結果を図3-3-9及び図3-3-10に示す。

　全体としては、「保険・保証関連手続きの支援」及び「省エネに関する情報提供（例：最新機器紹介、講習会開催等）」の利用割合が高く、5割程度である。「土地情報の提供・土地探し」を除く他の支援内容は2割程度の利用がある。「土地情報の提供・土地探し」は、「中部」及び「中国・四国」のみで2割程度の利用がある。

　地方別に見ると、「北海道・東北」、「近畿」及び「九州・沖縄」において「集客サポート」の利用が5割程度ある。また、「近畿」では「地域型住宅グリーン化事業への申請支援」の利用が5割程度ある。「関東」では「積算支援」の利用が5割程度ある。

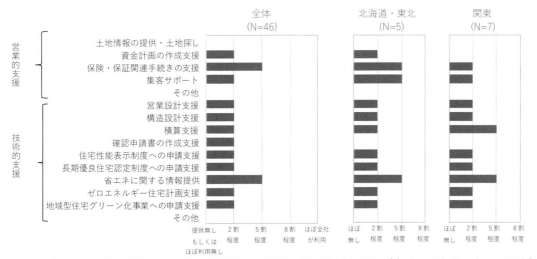

図 3-3-9 建材流通店による工務店等への営業・技術支援の状況（全体、北海道・東北、関東）

119

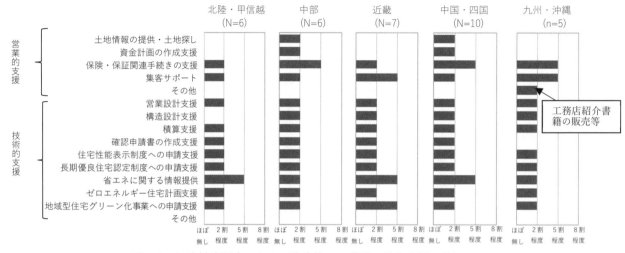

図 3-3-10 建材流通店による工務店等への営業・技術支援の状況
（北陸・甲信越、中部、近畿、中国・四国、九州・沖縄）

2.6 建材流通店による工務店等への人材情報の提供状況 設問(6)

全体として、7 割強の建材流通店が人材情報を提供しており、各営業担当による提供が多い。将来的には 9 割程度が人材情報を提供し、社内で情報を共有して提供する形が多くなる見込み。

　建材流通店による工務店等への人材情報の提供状況を図 3-3-11 に、それぞれの回答に対する今後の意向を図 3-3-12 に示す。

　全体を見ると、7 割強が人材情報を工務店等に提供しており、手段としては、「営業担当者が各自で提供している」が最も多く「提供している」の回答のうち 3 分の 2 程度を占め、「社内で職人の人材情報を共有し、提供している」が 3 分の 1 程度を占めており、1 社のみが「他社・他団体等と共同で職人の人材情報を提供している」と回答した。地方別に見ると、「関東」及び「中部」の回答者はすべて人材情報を提供しており、「関東」は「営業担当者が各自で提供している」が多く、「中部」では「社内で職人の人材情報を共有し、提供している」が多い。

　「提供していない」を選択した回答者 11 件のうち 6 件が今後は提供していく予定である旨の回答をしており、手段は「社内で職人の人材情報を共有する形で提供していきたい」及び「他社他団体等と共同で提供していきたい」に分かれた。

　「営業担当者が各自で提供している」を選択した回答者（23 件）の今後の意向は「今後は社内で情報共有して提供する形に移行する予定」が最も多く（15 件）であるが、「近畿」の 3 件はすべて「今後も営業担当者に任せる形を継続する予定」と回答している。

　「社内で職人の人材情報を共有し、提供している」を選択した回答者（12 件）は、無回答を除いてすべてが「今後も社内で情報共有して提供する形を継続する予定」を選択している。

　これらの回答をまとめると、将来的に 46 件の回答者のうち 41〜43 件が人材情報を提供している状況となり、その手段は「社内で人材情報を共有する形で提供」が最も多く 30 件程度、「営業担当者に任せる形で提供」が 8 件程度、「他社・他団体等と共同で提供」が 4 件程度と見込まれる。

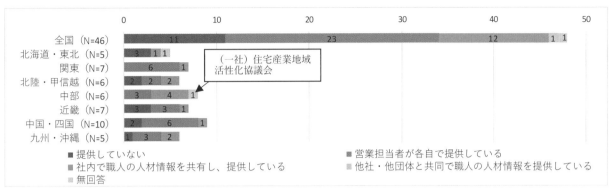

図 3-3-11 建材流通店による工務店等への人材情報の提供状況 回答数（件）（複数回答有）

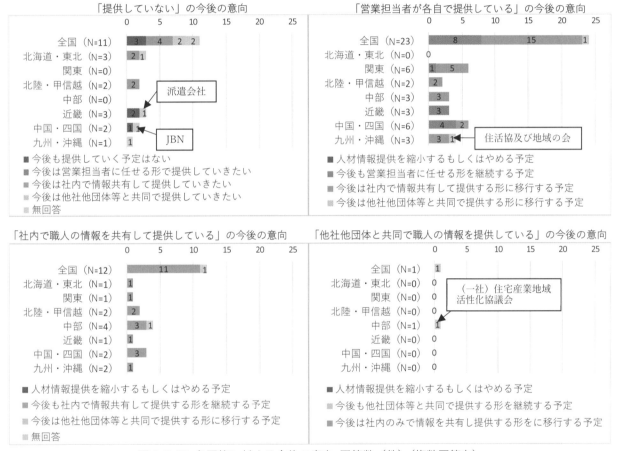

図 3-3-12 各回答に対する今後の意向 回答数（件）（複数回答有）

2.7 人材情報の提供依頼の多い職種 　設問（7）

どの地方でも大工の人材情報提供の需要が高い。次に需要のある職種は地方によって異なる。

　人材情報の提供依頼の多い職種を図 3-3-13 及び図 3-3-14 に示す。また、比較のために、回答に対し 1 位は 5 ポイント〜5 位は 1 ポイントとして重み付けをし、各選択肢の合計ポイントを総ポイント数で除して割合を算出した結果を図 3-3-15 に示す。

　人材情報の提供依頼の多い職種として、1 位に記入された数が最も多かったのは「大工」であり、どの地方でも同様である。2 位に記入された数が最も多かったのは「監督」、3 位に記入された数が最も多かったのは「基礎」だが、「監督」と「基礎」の需要は地方によって異なる。

ポイントによる重み付けをした結果を見ると、「大工」の次に需要のある職種は、「北海道・東北」では「基礎」であり、「関東」、「中部」、「近畿」及び「中国・四国」では「監督」であり、「北陸・甲信越」では「内装」と「監督」、「九州・沖縄」では「左官」である。

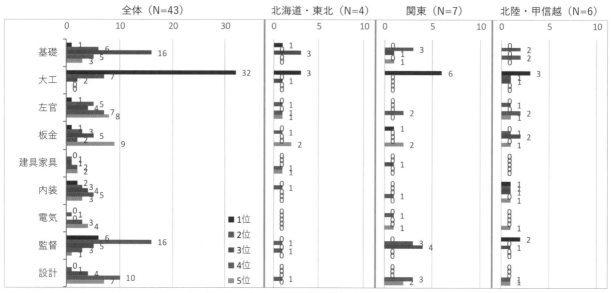

図 3-3-13　人材情報の提供依頼の多い職種　各順位の回答数（件）（全体、北海道・東北、関東及び北陸・甲信越）

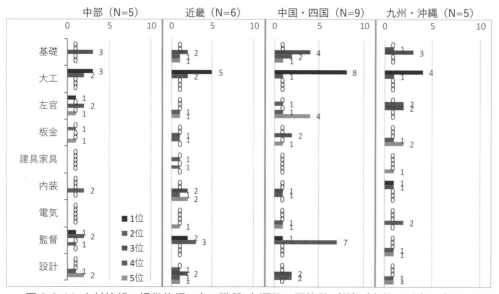

図 3-3-14　人材情報の提供依頼の多い職種　各順位の回答数（件）（中部、近畿、中国・四国及び九州・沖縄）

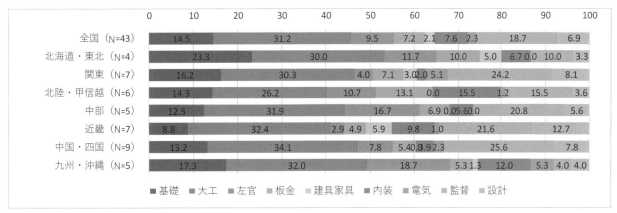

図 3-3-15 人材情報の提供依頼の多い職種（ポイントによる重み付け割合）

2.8 建材流通店による材工サービスの実施状況 設問(8)

どの地方でも外壁工事の材工サービスが多く実施されている。中部は材工サービス全般の実施が盛ん。

建材流通店による材工サービスの実施状況を全体及び地方別に図 3-3-16〜図 3-3-23 に示す。

46 回答すべてが何らかの材工サービスを実施している。1 つのみ実施している回答が 2 件あり、「サッシ工事」のみが関東より 1 件、「外壁工事」のみが中国・四国より 1 件あった。最も実施されている材工サービスは「外壁工事」（91.3%、42 件）で、次いで「断熱工事」（65.2%、29 件）、3 番目が「屋根工事」（60.9%、28 件）である。「屋根工事」の種類はコロニアルが最も多い。

地方別に見ると、「北海道・東北」、「北陸・甲信越」、「中部」、「中国・四国」及び「九州・沖縄」における回答者はすべて「外壁工事」を「実施中」と回答している。「中部」は、材工サービス全般の実施割合が高く、「建て方」を除く選択肢はどれも 8 割以上が「実施中」と回答している。一方、比較的実施割合が低い地方は、低い順に「関東」、「近畿」及び「北海道・東北」である。

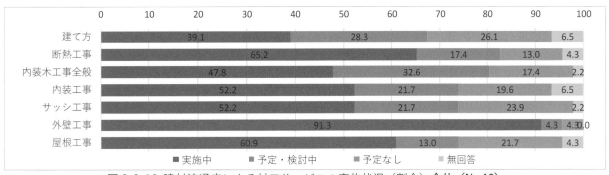

図 3-3-16 建材流通店による材工サービスの実施状況（割合）全体（N=46）

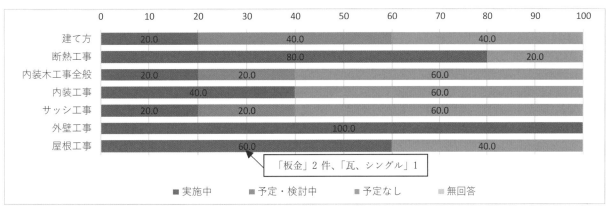

図 3-3-17 建材流通店による材工サービスの実施状況（割合）北海道・東北（N=5）

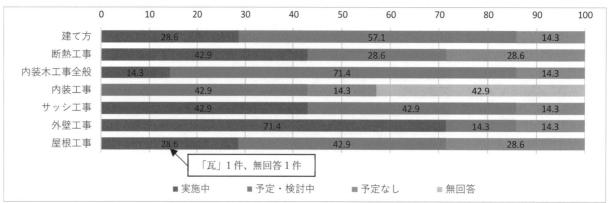

図 3-3-18 建材流通店による材工サービスの実施状況（割合）**関東**（N=7）

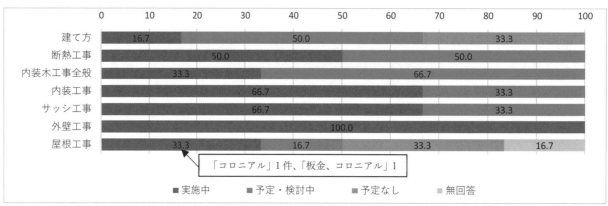

図 3-3-19 建材流通店による材工サービスの実施状況（割合）北陸・甲信越（N=6）

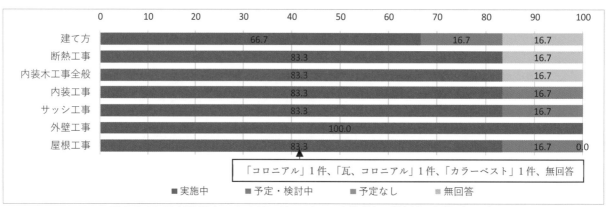

図 3-3-20 建材流通店による材工サービスの実施状況（割合）**中部**（N=6）

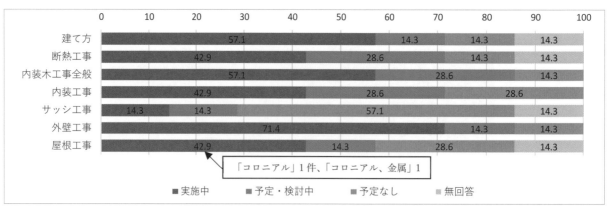

図 3-3-21 建材流通店による材工サービスの実施状況（割合）**近畿**（N=7）

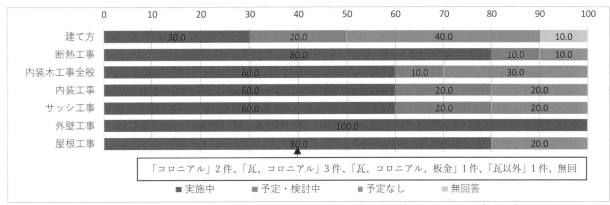

図 3-3-22 建材流通店による材工サービスの実施状況（割合）中国・四国（N=10）

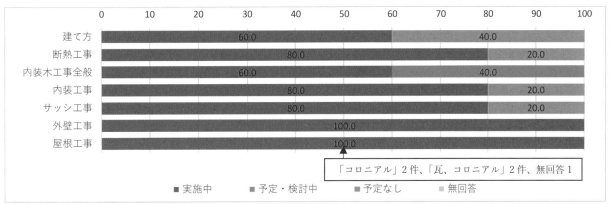

図 3-3-23 建材流通店による材工サービスの実施状況（割合）九州・沖縄（N=5）

2.9 建材流通店による大工の雇用・育成状況及び目標とする大工像 設問(9) (10) (11)

大工自社雇用は、2割程度の建材流通店で実施されており、期限なしがほとんどである。大工の自社育成は4分の1程度で実施しており、その半数以上が他団体・他社等と共同育成であり、協力相手は社外の大工（親方）が多い。実施していない回答の4割強が育成予定の意向。

　目標とする大工像はプレカット構造材で1棟を任せられる大工が最も多く、次いで多能工な大工で、特に住設機器の取り付け技術の需要が高い。

　建材流通店による大工の自社雇用の状況を図 3-3-24 に、自社雇用の理由を表 3-3-6 に示す。

　自社で社会保険適用の大工を雇用している旨の回答は、全 46 件のうち 10 件（21.8%）である。雇用形態は 1 件を除く 9 件が「期限なしで自社雇用している」と回答した。

　建材流通店による大工の育成状況を図 3-3-25 に、他社・他団体と育成している場合の協力相手を図 3-3-26 に、育成を始めた理由を表 3-3-7 に、育成を予定している理由を表 3-3-8 に示す。

　大工育成をしている旨の回答は、当該設問に回答した 45 件のうち 11 件であり 24.4% を占める。今後育成する予定のある回答は 14 件であり 31.1% を占める。育成している旨の回答における育成形態は、わずかに「他団体・他社等と共同で育成している」が「自社で育成している」を上回り、「他団体・他社等」の内容は、「社外の大工（親方）」が最も多い。育成を予定している旨の回答における想定している育成形態は、わずかに「自社で育成している」が「他団体・他社等と共同で育成している」を上回っている。地方別に見ると、「北海道・東北」では育成している旨の回答は無く、今後の育成予定も無い意向が 3 件、自社育成の意向が 1 件のみある。「近畿」は育成している旨の回答が 1 件のみであり、今後の予定も無い回答が 4 件、自社育成の意向が 2 件ある。「北陸・甲信越」及び「中

部」では、「他社・他団体等と共同で育成している」が 2 件ずつある。また、「自社で育成している」及び「他団体・他社等と共同で育成している」の両方を選択した回答が中国・四国及び九州・沖縄より各 1 件あった。

　大工の自社雇用を始めた理由、育成を始めたもしくは予定している理由は、業界の大工不足対策、取引工務店の支援、材工サービス対策、営業力強化等である。

　建材流通店が大工を育成する場合の目標とする大工像について、回答件数を図 3-3-27 に、比較のために回答に対し 1 位は 5 ポイント～5 位は 1 ポイントとして重み付けをし、各選択肢の合計ポイントを総ポイント数で除して割合を算出した結果を図 3-3-28 に示す。また、「一般的な大工工事に加え、クロス、住設機器取付けなどの多能工的な他工事の施工ができる大工」の回答者が重視する技能を表 3-3-9 に示す。建材流通店が大工を育成する場合の目標とする大工像は、「プレカット構造材を用いた木造住宅を任せられる大工」が最も 1 位に選ばれており（11 件）、特に「関東」は回答した 5 件のうち 4 件が同選択肢を 1 位に選んだ。次に 1 位に選ばれた数が多いのは、「一般的な大工工事に加え、クロス、住設機器取付けなどの多能工的な他工事の施工ができる大工」（7 件）であり、特に「九州・沖縄」は回答した 4 件のうち 3 件が同選択肢を 1 位に選んだ。同選択肢を選んだ回答者が重視する多能工的な技能は「住設機器の取り付け」が最も多く、回答した 17 件のうち 15 件が同選択肢を選んだ。

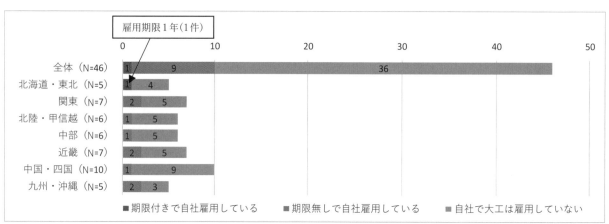

図 3-3-24 建材流通店による大工の雇用状況 回答数（件）

表 3-3-6 建材流通店で大工の自社雇用を始めた理由

地方	大工の雇用状況	理由
北海道・東北	期限付きで自社雇用している	プレカット加工で必要の為
関東	期限なしで自社雇用している	プレカット加工を始めた時に手加工物件対応の為
		自社育成の為
中部		大工不足への対策と、取引工務店支援の為の取組み
近畿		もともと自社の社員であった
		業界全体の職人不足に対応の為
中国・四国		職人不足への備え、営業力の強化。※グループ会社にて雇用
九州・沖縄		材工のニーズが高まっている。今後の資材販売に職人が必要不可欠
		職人不足への備え、営業力の強化。※グループ会社にて雇用

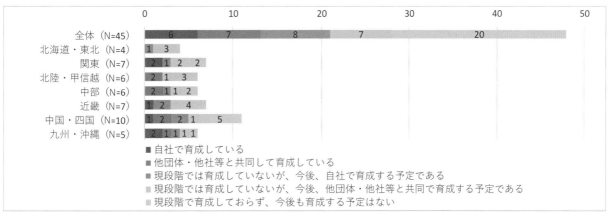

図 3-3-25 建材流通店による大工の育成状況　回答数（件）（複数回答有）

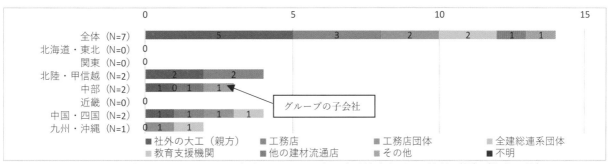

図 3-3-26 他社・他団体と共同で育成している場合の育成協力相手　回答数（件）（複数回答）

表 3-3-7 大工育成を始めた理由

地方	大工育成状況	育成を始めた理由
関東	自社で育成している	大工不足に対する若手大工の育成
中部	他団体・他社等と共同で育成している	納材のみでは限界がある⇒材工受注
	他団体・他社等と共同で育成している	団体・同業者にて共同で育成することにより孤独感を感じることなく仲間意識やモチベーションアップにつながる
近畿	自社で育成している	業界全体の職人不足に対応の為
中国・四国	自社で育成しており、他団体・他社等とも共同で育成している	職人不足への備え、営業力の強化。※グループ会社にて雇用
九州・沖縄	自社で育成しており、他団体・他社等とも共同で育成している	職人不足への備え、営業力の強化。※グループ会社にて雇用

表 3-3-8 大工育成を予定している理由

地方	今後の大工育成意欲	育成を予定している理由
関東	自社で育成する予定である	職人不足により、現場の減少や施工力の低下が予想されるため。
	他団体・他社等と共同で育成する予定である	大工不足、高齢化
北陸・甲信越	他団体・他社等と共同で育成する予定である	工務店への支援として
中部	自社で育成する予定である	外注の場合、人工費、工程にバラつきがあり、計画が立てにくい。
中国・四国	他団体・他社等と共同で育成する予定である	得意先工務店の生き残り支援の一つとして、大工不足解消と大工育成の援助を団体として協力してすすめたい
九州・沖縄	他団体・他社等と共同で育成する予定である	今後、材販のみでの営業形態が厳しくなる為

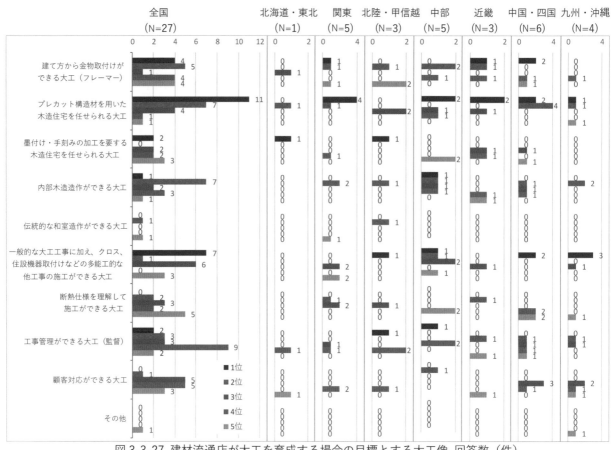

図 3-3-27 建材流通店が大工を育成する場合の目標とする大工像 回答数（件）

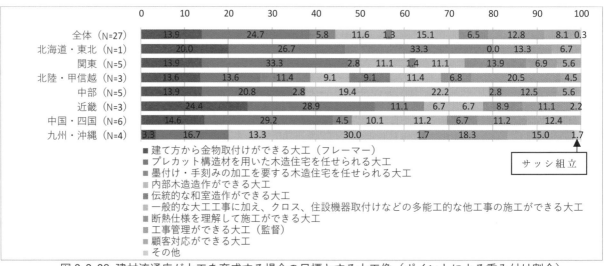

図 3-3-28 建材流通店が大工を育成する場合の目標とする大工像（ポイントによる重み付け割合）

表 3-3-9 「一般的な大工工事に加え、クロス、住設機器取付けなどの多能工的な他工事の施工ができる大工」を選択した回答者が重視する多能工的な技能

重視する多能工的な技能	回答数	地方ごとの回答数
内装クロス張り	1	北陸・甲信越（1）
住設機器の取り付け	15	関東（3）、中部（5）、近畿（1）、中国・四国（2）、九州・沖縄（4）
電気工事	1	関東（1）
その他	0	－

2.10 建材流通店の考える工務店等の大工新規入職者確保の方策 設問(12)

全体としては、社員大工の就労環境の改善・明確化及び大工社員化を重視。長期的な大工社員化、就労環境改善を特に重視する北海道、東北。初期費用支援も重視する九州。協力による大工育成も重視する北陸・甲信越、中部。大工の技能取得支援・明確化も重視する近畿。
想定される育成の協力相手は社外の大工（親方）が最も多く、次いで教育支援機関、建材流通店が多い。

　建材流通店の考える工務店等の大工新規入職者確保の方策を図3-3-29に示す。また、比較のために回答に対し1位は5ポイント～5位は1ポイントとして重み付けをし、各選択肢の合計ポイントを総ポイント数で除して割合を算出した結果を図3-3-30に示す。

　全体を見ると、1位に選ばれた数が最も多かったのは「就労環境（休日・報酬）の改善・明確化」であり全45回答中32件が1位に選び、どの地方でも同様である。2位に選ばれた数が最も多かったのは「大工の長期的な社員化、社会保険の適用」であり、どの地方でも同様である。「北海道・東北」では、「大工の就労環境（休日・報酬）の改善・明確化」及び「大工の長期的な社員化、社会保険の適用」が同程度重視されている。ポイントによる重み付けをした結果を見ると、「北海道・東北」は「大工の長期的な社員化、社会保険の適用」の割合が他の地方と比べて高い。「北陸・甲信越」及び「中部」は「他社・他団体等と協力した大工の育成体制の整備」の割合が他の地方と比較して高い。「近畿」では、「大工の技術に関する資格取得支援・キャリアパスの明確化」の割合が他の地方と比較して目立って高い。「九州・沖縄」では、「入職時の入職者に対する初期費用の支援（道具類等）」の割合が他の地方と比較して高い。

　「他社・他団体等と協力した大工の育成体制の整備」を選択した回答者（15件）の考えうる協力相手について図3-3-31に、同選択肢を選んだ理由を図3-3-32に、具体的な育成内容・方法のイメージを表3-3-9に示す。全体を見ると、「社外の大工（親方）」が最も多い。次いで、「教育支援機関」及び「建材流通店」が多い。同選択肢を選んだ理由は、「工務店一社のみでは経済的負担が大きい」の割合が最も高い。同選択肢を選んだ15件のうち、4件より育成内容・方法のイメージの記述回答があり、グリーン化事業等のグループでの育成、教育支援機関等との連携、各種メーカーとの協力等が挙げられた。

129

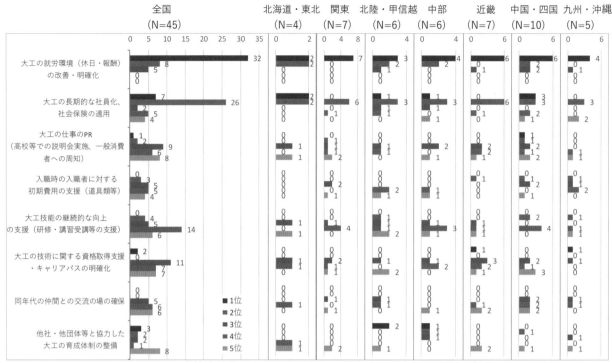

図 3-3-29 建材流通店が考える大工新規入職者確保の方策 回答数（件）

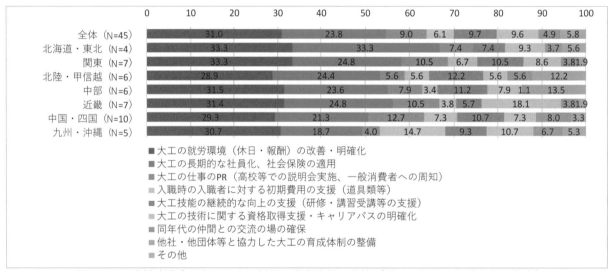

図 3-3-30 建材流通店が考える大工新規入職者確保の方策（ポイントによる重み付け割合）

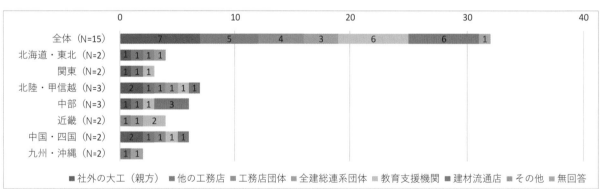

図 3-3-31 他社・他団体等と協力し大工を育成する際の考えられる協力相手 回答数（件）（複数回答）

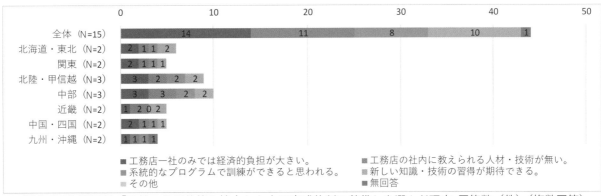

図 3-3-32 選択肢「他社・他団体等と協力した大工育成体制の整備」を選んだ理由 回答数（件）（複数回答）

表 3-3-9 育成内容・方法のイメージ（自由記述）

地方	育成内容・方法のイメージ
北陸・甲信越	学校形式で期間を設けて有料で。
近畿	グリーン化事業等のグループで育成する。
中国・四国	１社で育成する場合仕事が継続してないので数社で共有するか、建材流通店が段取りする立場になるかだと思っている。フレーマーだと雨の日の仕事がないので、内装工事などを習得するようにする。PB貼りなど簡単な仕事から習得させる。その内１棟を数人の大工で工事するようになる。60歳以上の熟練大工に教育係として２～３人の面倒を見てもらう。補助金を出すのであれば初期道具費用、教育係熟練大工費用、先頭に立って取り仕切る会社の経費などに費用をあててはどうかと思う。教育システムは教育支援機関や全建総連系団体と連携する。外国人も日本人も適用できる仕組みが良い。
九州・沖縄	弊社では職人経験が無い人材を職人にするということにこだわって教育訓練しています。そのためにマニュアルと訓練を重視して各種メーカーとも協力して教育しています。

2.11 建材流通店の工事受注状況 設問(13)(14)

全回答の半数以上が新築工事の受注をしており、その９割程度が継続・拡大意向。内訳は分譲住宅が最も多い。リフォーム工事は７割近くが受注しており、その９割超過が継続・拡大意向。新築、リフォームともに関東での受注が盛んで、北海道・東北での受注が少ない。

　建材流通店による新築工事の受注状況及び今後の意向を図 3-3-33 に、新築工事受注の内訳を図 3-3-34 及び図 3-3-35 に示す。回答数 44 件のうち、半数以上が「新築工事を受注している」と回答した。そのうち９割程度が「今後も受注を継続・拡大していく」と回答している。新築工事受注の内訳は、「分譲住宅」が最も多く全体の合計で 158 棟あり、特に「中部」で多く合計が 125 棟である。次いで「注文住宅」が多く合計で 128 棟あり、特に「中国・四国」が多く合計が 50 棟である。「中部」は「賃貸住宅」の工事受注も多い（合計 60 棟）。

　リフォーム工事の受注状況及び今後の意向を図 3-3-36 に示す。新築工事よりも受注している旨の回答が多く、回答数 46 件のうち７割近くが受注している状況にある。そのうち９割超過が「今後も受注を継続・拡大していく」と回答している。地方別に見ると、「関東」の全７件がリフォーム工事を受注しており、今後も受注継続・拡大していく旨を回答している。

　新築工事、リフォーム工事ともに、受注している旨の回答割合は「関東」が高く、「北海道・東北」が低い。

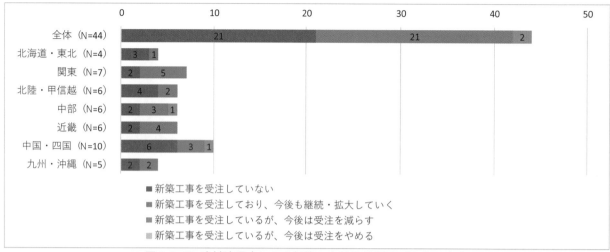

図 3-3-33 建材流通店による新築工事受注状況及び今後の意向

図 3-3-34 建材流通店による新築工事受注の内訳（全体合計）

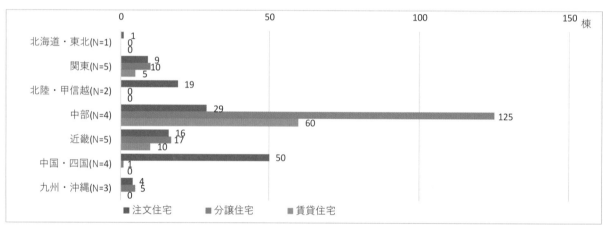

図 3-3-35 建材流通店による新築工事受注の内訳（地方別の合計）

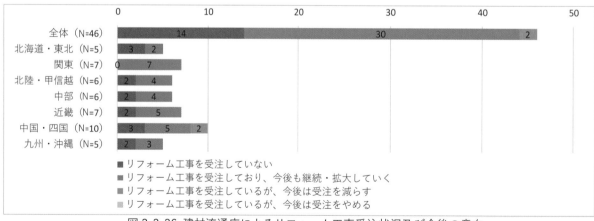

図 3-3-36 建材流通店によるリフォーム工事受注状況及び今後の意向

3. 建材流通店を対象としたアンケート調査の結果全体から考えられること

3.1 建材流通店の所在地による注意点

　本アンケート調査は、一般社団法人全国住宅産業地域活性化協議会の地域の会の事務局である流通店会員を対象に行った。地域の会が3つ以上ある都道府県（石川、静岡、愛知、兵庫、岡山、広島、福岡）がある一方、地域の会の無い都道府県（青森、栃木、三重、和歌山、島根、高知、佐賀、大分及び宮崎）もある。

　同じ地方分類の中でも地域の差があることを前提に結果を見る必要がある。

3.2 建材流通店を対象としたアンケート調査結果のまとめ

　本アンケート調査結果を次の通りまとめる。

・顧客の過半が年間住宅着工5棟未満の工務店である。

・取引先の工務店の大工の自社育成の状況は北海道、東北が多く、九州・沖縄が低い。

・7割強が人材情報提供を従来から行っているが、営業担当者個人の情報から会社として共有する方向に変わりつつある。将来的には9割程度が提供する見込みであり、建材流通店への情報サービスの期待は高い。

・材工サービス化は多く見られ、外壁工事での利用が多い。

・社員大工化、大工の自社育成も見られ、大工育成拡大の方向にあり、建材流通事業者が提供するプレカットに対応した大工を求める割合が高い。

・工務店の大工新規入職者確保については就労環境の改善と社員化を重視している。北海道・東北では長期社員化を重視している。

・建材流通事業者の半数が新築を受注し、継続または拡大の意向で、分譲住宅及びリフォーム分野を主とし、戸建住宅とは顧客の異なるゾーンで施工への進出（工務店化）を進めている。

（4）アンケート調査結果まとめ

1. 調査 A（工務店等を対象）及び調査 B（建材流通店を対象）から考えられること

調査 A 及び調査 B より考えられることを次のとおりまとめる。

・調査 A の無回答を除いた年間元請け新築住宅元請け棟数分布（表 3-4-1）と、調査 B の建材流通店が実質的に取引している工務店、ビルダー等（取引先）の年間新築戸建て住宅着工棟数分布（表 3-4-2）を比較すると、概ね似た傾向を示しており、流通店会員による配布は実質的に取引をしている工務店に概ね万遍なくなされたと考えられる。

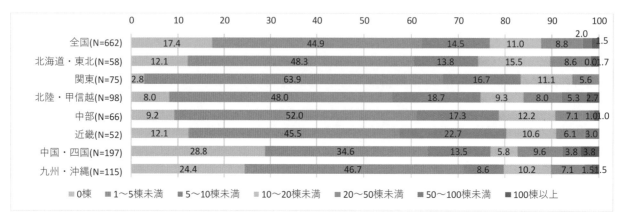

表 3-4-1 工務店等の年間新築住宅元請け棟数別の割合（％）≪調査 A より≫

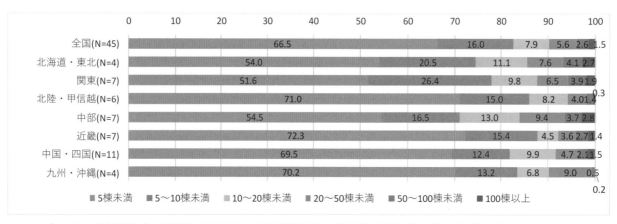

表 3-4-2 建材流通店の実質的な取引先の年間新築戸建て住宅着工棟数別の割合（％）≪調査 B より≫

・自社で大工を育成している工務店の割合は、調査 A では全体の 11.2%であったのに対し、調査 B では 4.8%のみとなり、比較的自社育成をしている工務店からの回答が多かった可能性、もしくは建材流通店が把握していない工務店の自社育成があった可能性が考えられる。

・地方別に見ると、調査 A 及び調査 B で同様の傾向を示しており、北海道、東北は育成している割合が高く、九州・沖縄が低く、工務店側の実態と建材流通店側の把握が一致していると言える。

・建材流通店による社員大工化、大工の自社育成も見られ、大工育成拡大の方向にあるが、工務店とは大工の育成の方向性が異なる。工務店等は、墨付け手刻みを要する 1 棟を任せられる大工を重視する工務店が多かったが、建材流通店は、プレカットに対応した大工、住設機器の取り付けができる多能工大工を重視しており、建材流通店側は自らが提供する建材・設備等に対応できる大工を求めていると考えられる。

・生産力確保については、工務店、建材流通店ともに大工の就労環境・労働条件の改善を重視してい

る。地方別に見ると、北海道、東北の工務店及び建材流通店が共に社員大工の長期雇用を重要視している。

・工務店が他社、他団体と共に育成する際に考えられる協力相手は、次の順で多い。
　工務店：「社外の大工（親方）」、「他の工務店」、「建材流通店」、「教育支援機関」
　建材流通店：「社外の大工（親方）」、「建材流通店」及び「教育支援機関」、「他の工務店」
　2位以下の順序を見ると、建材流通店側は、工務店側が想定している以上に育成の協力に対して前向きであるとうかがえる。

2. 本アンケート調査及び既往の調査等を比較した分析

本アンケート調査を既往の調査等と比較して考えられることを次の通りまとめる。

2.1　回答者について

> 本調査は、JBN調査よりも小規模な工務店の割合が高く、工務店実態調査よりも大規模な工務店の割合が高かったと推察され、概ね既往の両調査の中間に位置するものと考えられる。

本調査における回答者は、下請けでの新築工事はほとんど無く、年間新築住宅元請け棟数5棟未満が6割弱、正社員5人以下が5割強であり、小規模な工務店が多かった。

「JBN・大工育成実態調査（以下、JBN調査）」では、年間新築住宅棟数の平均が11棟程度であり、本調査よりも大きい規模の工務店の回答が多かったと考えられる。

3年前の「平成28年度　住宅市場整備推進事業　工務店実態調査アンケート」（以下、工務店実態調査）では、一人親方を除くと正社員数1〜5人が7割を占めており、年間新築住宅元請け棟数は本調査と同様で1〜4戸が多いが、工事高から推察すると1、2戸が多いとみられ、一人親方を除いたとしても、本調査よりも小規模な工務店からの回答が多かったと考えられる。

2.2　元請け新築工事高及び年間新築住宅元請け棟数

> 中国地方は1億円未満の工務店の割合が他の地方よりも高く、棟数も他の地方と比較して少ない。

本調査では、元請け新築工事高は、1〜2億円/年が多く、年間新築住宅元請け棟数が1〜5棟未満の工務店が多かったが、工務店実態調査においては、6千万円未満の回答が一人親方を除いても5割近くを占めており、戸建て元請戸数は1〜4戸が多かったため、1棟当たりの単価が低いか、棟数が1棟、2棟と少ないことが推察される。地方別に見ると、中国で1億円未満の割合が高く、1〜4戸が他の地方と比較して高い点が共通している。下請け新築工事高、元請けリフォーム工事高及び下請けリフォーム工事高は、3千万円未満が多い点も共通している。

2.3　工務店の出身母体

> 大工が工務店を開業するケースが多い。

本調査における建材流通店が把握する限りでは、過去5年の工務店の新規開業は大工によるものが多く、工務店実態調査でも経営者の親や親族からの継承を除くと大工・工務店の親方からの独立が多かった。

2.4　工務店の経営者の年齢

東北の60歳以上の割合が比較的高い。

　本調査における工務店経営者の年齢の割合は、50歳代、60歳代、40歳代の順で多かったが、工務店実態調査では、60歳代が目立って多く4割強を占めていた。一人親方を除いても4割を占めており、違いが見られる。地方別に見ると、東北の60歳以上の割合が高い点が共通している。

2.5　工務店経営の後継者の有無及び意向

工務店の継続意向について、既往の調査との共通点は認められない。

　本調査において売却もしくは廃業を予定している割合が高かったのは高齢化率の高い中国・四国であったが、工務店実態調査においては関東が最も高かった。

2.6　社員大工の人数

北海道、東北での社員大工を抱えている工務店の割合が高く、近畿は低い。

　工務店実態調査では、専属大工のうち、社会保険料の事業主負担をしている大工を「社員大工」と定義しており、一人親方を除く工務店の46.0%が社員大工を抱えており、1社における人数は2〜5名が多い。本調査での「社員大工」は、「社会保険が適用される形で自社雇用している大工」としているため、一概に比較はできないが、本調査では33.9%が社員大工を雇用しており、1社における人数は1〜2人が多い。地方別に見ると、北海道、東北で社員大工を抱える工務店の割合が比較的高い点及び近畿が比較的低い点が共通しているが、北陸・甲信越及び九州の特徴は共通しなかった。

　本調査で工務店等、建材流通店ともに大工社員化を特に重視している東北は、工務店実態調査における社員大工の採用実績も高い。

　また、工務店実態調査では社員大工を含めた提携人数を尋ねているため、本調査における「その他の大工に頼っている割合」を除いた割合で比較すると、全体の75.1%が社員大工もしくは専属大工、または両方を抱えており、工務店実態調査では全体で65.4%、一人親方を除くと82.8%であり、遠くない割合であると考えられる。

2.7　プレカット率と目標とする大工像

プレカット率と大工像の相関は必ずしもあるわけでは無いが、九州においてプレカットで1棟を任せられる大工が最も求められている背景として、プレカット率の高さが推察される。

　本調査では、1棟を任せられる大工が求められており、中でも墨付け・手刻み技術を有する大工が求められていることが分かった。工務店実態調査における標準的な戸建て住宅の刻みの種類は、手刻み：プレカットが2：8程度であった。

　地方別に見ると、本調査で墨付け・手刻みよりもプレカットの需要の高かった北海道及び九州を工務店調査と比較すると、北海道はプレカット率が他の地方と比較して最も低く相関を確認できなかったが、九州においてはプレカット率が高く相関を確認できた。墨付け・手刻みを特に重視していた東北におけるプレカット率は平均をやや下回る程度である。

年間新築住宅元請け棟数で見ると、棟数が増えるにつれて、墨付け・手刻みの需要は低下しており、工務店実態調査においても棟数が増えるほどプレカット率が高くなる傾向があり相関が認められる。

2.8 生産力確保に関して

大工の労働条件の改善は少しずつだが進んでいる。

工務店等、建材流通店が最も重視した大工の労働条件の改善に対し、JBN調査の回答工務店においては、この2年で各規則・制度及び社員大工の賃金の改善が幾らか認められる。3年間前の工務店実態調査において社員大工の平均賃金は北海道、九州で低く出ているが、地方別の1ヶ月の平均所定内給与額と比較すると同じ傾向が認められるため、大工に限った傾向ではないと考えられる。

4. 総括及び今後の課題

　過去20年程の住宅供給に関する社会動向を見ると、供給する側の大工・工務店、供給を受ける側の人口・世帯の両方に様々な変化が起こってきており、地方によって変化の傾向が異なる。経済動向、自然災害等が強く影響しているため、本調査も東日本大震災や熊本地震の影響等を注意して考察する必要がある。

■大工の就労環境向上と育成が急がれる地域の工務店

　大工（型枠大工を含まない）の人数は、生産年齢人口の減少よりも急速に減少しており、この20年程で半分以下となった。生産年齢人口は今後も減少していくと推計されており、これは供給側の大工・工務店の母集団の減少と共に、住宅取得世代の減少とも取れる。その関係を生産年齢人口当たりの新設木造着工棟数で見ると、地方ごとに増減の様子が異なっており、特に北海道、東北（震災復興を除く）では、仕事の機会が減り、大工職の需要が少なくなるため、人材確保・維持が厳しくなると予想される。その危機感によるものなのか、本調査及び既往の調査でも北海道、東北の大工社員化の意向が高かった。一方で、九州は生産年齢人口当たりの新設木造着工棟数の減少が緩やかであり、大工不足は北海道及び東北ほどに悪化しないと考えられ、本調査でも大工社員化の意向は比較的低い。

　若手大工の確保は生産年齢人口の減少が進むにつれて難しくなると予想され、これまでの大工の就労環境・労働条件のままで、社会保険負担のない専属大工を頼りにしていくには限度がある。本調査では工務店・建材流通店ともに、大工の就労環境・労働条件の改善が生産力確保につながると考えていることがわかった。既往の調査では、直近2年の間で各規則・制度及び社員大工の賃金の改善が幾らか見られたが、果たして調査対象外の工務店においても改善が進んでいるのか注視しなくてはならない。

　生産年齢人口に対する木造住宅着工棟数の減少（＝木造新築の需要の低下）により、余力が少ない工務店が多い。自社での大工育成を諦めている工務店の多くは投資の余裕が無いことを理由に挙げており、社外と協力して若手大工を育成する意向が一定数ある。今後は地域の人材として育成する仕組みが必要になってくると予想される。育成において第一に重視されるのは基本となる大工技術で、それに様々な能力を付加していく方針が多く見られた。その基本に基づきながらも各工務店の育成方針は多種多様であるため、地域で育成する際は、地方や都市規模、工務店属性等を考慮した共通の育成内容と、共通としない部分の棲み分けが重要となると考えられる。

　機械化・パネル化意向は、木造住宅着工戸数自体の少ない北海道、北陸甲信越では比較的低い。震災復興で短期間に住宅着工数が増加している東北は、社員化意向と共に機械化・パネル化意向も高く、深刻な人手不足に両方の手段を講じようとしていると推察される。

■流通から生産の比重が増し、大工育成も進める地域の建材流通店

　今後は工務店以外の事業者の住宅供給の担う範囲が広がることも予想される。本調査では、建材流通店による営業的・技術的な支援及び人材情報サービスの需要の高さが確認され、外壁工事等の材工サービスも多く実施されていることが分かった。さらには建材流通店が工事自体を元請けで受注しており、拡大方向にある実態が見えてきた。ヒアリング調査においても、住宅瑕疵担保責任保

険の取次ぎを行っている建材流通店が、弱体化により家守りを担えなくなった工務店が増加している現状に危機感を覚え、保険契約時の設計図書を持っている建材流通店が積極的にメンテナンスに関わっていく必要があると述べていた。

　建材流通店による大工の育成も見られ、業界の大工不足を懸念して育成をしている面もあるが、当然営業面での意図も強く、建材流通店が提供する建材（プレカット構造材等）や住設機器を扱える多能工的な大工の育成意向が強い。新規着工の減少に伴い、既存ストックの増改築等の割合が高まると考えられるため、工務店側の意向である墨付け・手刻みに代表される大工技術も重要であり、育成についての両者の方向性の違いを念頭に置く必要がある。

令和3年1月29日 　　　　　　　　　　　　　　　　調査研究レポート　No. 18324

地域木造住宅生産の担い手の現状と動向

- 工務店・建材流通店調査から見る地域の実態 -

発　行　　公益財団法人　日本住宅総合センター　ⓒ2021
　　　　　　〒102-0083 東京都千代田区二番町6番地3　二番町三協ビル5階
　　　　　　電話　03-3264-5901(代)
　　　　　　URL　http://www.hrf.or.jp

印　刷　　株式会社サンワ

ISBN978-4-89067-324-7

定価　2091円（＋税）

公益財団法人日本住宅総合センター	既刊リポート・書籍のご案内
No. 14315 **用途地域の例外許可に関する調査研究Ⅱ** **＜世田谷区と大田区におけるケーススタディ＞** 29年3月発行 A4判88頁 定価[本体価格1400円＋税]（送料別）	成熟社会を迎えた我が国では、歩ける範囲で多様なサービスを享受できる街づくりへの要請が高まっており、現行の建築基準法では立地が認められない建築用途であっても、柔軟な対応の検討が必要となってきている。本研究では、用途規制の例外許可の柔軟な運用を念頭に置き、その運用に資する知見を得ることを目的として調査研究を行った。
No. 16316 **住宅資産を活用した金融手法に関する調査 報告書** 29年10月発行 A4判59頁 定価[本体価格1700円＋税]（送料別）	「住生活基本計画」では、住宅金融市場の整備の必要性が示されている。とりわけ、高齢期における住み替え等の住関連資金のため、住宅資産を活用した金融手法を整えることは重要である。本研究では、リバースモーゲージ等の金融手法について現行制度や課題等を把握し、それらの商品のあり方や住宅政策として実施する政策的意義等について検討し調査を行った。
No. 17317 **高齢者向け住宅における社会的費用および社会的便益に関する調査研究** 31年1月発行 A4判93頁 定価[本体価格1500円＋税]（送料別）	高齢化の進捗により、建設や運営において政府から補助金が支出されているサービス付高齢者住宅の建設が進められている。サービス付高齢者住宅の効果的な整備のあり方を検討する際の参考材料として、住宅整備の社会的費用と社会的便益の推計手法について、既往研究に基づいた調査研究を行った。
No. 16318 **中古住宅取引と建物価格査定制度** 31年2月発行 A4判128頁 定価[本体価格1600円＋税]（送料別）	中古住宅取引は、売主が物件の価値を客観的に把握できない点で情報の非対称性に直面する。この問題を改善するために、新しい建物価格査定システムが導入され始めている。本研究は、新しいシステムが従来のシステムとどのように異なっているのか整理し、データ分析を通してその課題を検討している。
No. 16319 **オランダ＜KUUB＞等の参加型住まい・まちづくりに学び 地方都市の新たな"まちなか再生法"を探る** **ー宇部市＜まちなか再生プロジェクト＞の取り組みを通してー** 31年1月発行 A4判139頁 定価[本体価格1815円＋税]（送料別）	地方都市の中心市街地等における居住とサービスを回復するための「市民会社によるコーポラティブ住宅方式を活用した事業手法」について、オランダのNPO＜KUBB＞の取組みの現地調査報告、また、山口県宇部市のまちなか（中央町地区）再生事例を通じた課題整理と解決への提言を行っている。
No. 16320 **市町村住宅政策の企画・立案のための統計データ活用手法に関する調査 報告書** 令和元年5月発行 A4判144頁 定価[本体価格2500円＋税]（送料別）	人口構成や住宅の特徴は地域ごとに異なっているため、市町村レベルの住宅政策は、課題解決に有効と考えられる。本稿は、新たに住宅政策を企画・立案する自治体に向けたマニュアルを作成するために行った調査をまとめたものである。なお、巻末に各自治体に配布されたマニュアルの詳細版を掲載している。
No.19321 **木造住宅密集地域解消対策に関する調査 京都市の取り組み 報告書** 令和元年10月発行 A4判59頁 定価[本体価格2500円＋税]（送料別）	木造住宅密集地域の解消は多くの自治体にとって長年の課題である。本調査は、京都市が進めている接道義務の緩和を目的とした細街路対策を定量的に評価することを目的とするものである。
No. 18322 **2033年 までに必要となる住宅戸数の推計** **ー新築・リフォーム・空き家活用等ー** **（住宅関連基礎的統計データ活用上の留意点に関するケーススタディ）** 令和2年3月発行 A4判68頁 定価[本体価格1982円＋税]（送料別）	わが国の住宅ストックの現状を質の面（耐震、省エネ、バリアフリー等）から把握し、そのうえで全世帯に一定の質の住宅を確保しようとする場合の住宅供給量を推計するケーススタディを通じて、「住宅・土地統計調査」の制約、限界を整理し、それを代替するための集計手法や補完データ活用等について整理した。
No. 18323 **地域が担う郊外住宅団地の活性化事例レポート** 令和2年9月発行 A4判96頁 定価[本体価格2273円＋税]（送料別）	近年、郊外住宅団地において建物や設備の老朽化が進むと共に、土地利用需要との乖離が顕在化し始めている。本調査は、郊外住宅団地の課題を捉えると共に、各地の空地・空き家の活用事例や団地の活性化に資する取り組み事例をまとめ、郊外住宅団地の活性化の方向性を探るものである。

＊定価には消費税を含んでいます。

The Quarterly Journal of Housing and Land Economics

季刊 住宅土地経済

現代経済学による住宅・土地問題の分析と実証および政策に関する研究論文などを掲載
B5判 40頁
発行 1月1日、4月1日、7月1日、10月1日
年間購読料［本体価格 2,860円＋税］（送料含）

欧米4か国におけるキャピタルゲイン課税制度の現状と評価 （No.06811）

海外住宅・不動産税制研究会編著
A5判 172頁 価格（税込）3,800円 送料別

　諸外国の税制の実態把握と評価・分析は、わが国において望ましい課税のあり方を展望する際にも極めて有用である。本書は、欧米4か国（イギリス、アメリカ、ドイツ、フランス）の住宅・不動産をめぐるキャピタルゲイン課税に関する研究論文を収録したものである。終章では、4か国横断的な視点で総括的な分析を行なっている。

欧米4か国における住宅・不動産関連流通税制の現状と評価 （No.07812）

海外住宅・不動産税制研究会編著
A5判 133頁 価格（税込）3,300円 送料別

　海外住宅・不動産税制研究会編著による諸外国税制シリーズの第二弾である。本書は、欧米4か国（イギリス、アメリカ、ドイツ、フランス）の住宅・不動産関連の流通税制をテーマに、制度成立の歴史的背景と理念、沿革、現行制度の基本的枠組み等について国別に検討・考察したものである。終章では、全体を俯瞰するグローバルな視座で、対比的な分析と評価を行なっている。

相続・贈与税制再編の新たな潮流
〜イギリス、アメリカ、ドイツ、フランス、スイス、カナダ、オーストラリア、日本〜 （No.09813）

海外住宅・不動産税制研究会編著
A5判 347頁 価格（税込）5,250円 送料別

　海外住宅・不動産税制研究会編著の税制研究シリーズ第三弾である。近年、主要先進国において廃止や軽減のトレンドが認められる相続・贈与税制の制度的枠組みについて、住宅・不動産の位置づけの重要性、課税方式や他の税目との関係等を視野に収めつつ、国別にとりまとめた成果である。終章では、相続・贈与税制をめぐる世界的な潮流をさまざまな視点で総括し、今日的な課題を提示している。今後わが国において相続・贈与税制の議論を深める上で参考になろう。

主要先進国における住宅・不動産保有税制の研究
〜歴史的変遷と現行制度ならびに我が国への示唆〜 （No.10814）

海外住宅・不動産税制研究会編著
A5判 478頁 価格（税込）5,250円 送料別

　海外住宅・不動産税制研究会編著の書籍の第四弾であり、欧米4か国ならびに日本における住宅・不動産保有税をテーマとしている。イギリス、アメリカの各州、ドイツ、フランスおよび日本における固定資産税の制度についての比較研究であり、さらに日本については、租税法学的検討と併せて、経済学の視点から実証分析を行い、政策的インプリケーションを導いている。本書が、租税法や関連分野の研究者のみならず、さまざまな実務に携わる方々にも幅広く活用されることを祈念するものである。

欧米4か国における政策税制の研究 （No.11815）

海外住宅・不動産税制研究会編著
A5判 314頁 定価［本体5,000円＋税］ 送料別

　海外住宅・不動産税制研究会編著の書籍の第五弾である。本書は、今後のわが国の政策税制のあり方の検討に資することを目的として、主要先進国（英・米・独・仏）における住宅・土地関係を中心とする政策税制について、その内容、政策目的、存在形式、適用期限、減収額等を調査するとともに、各国における政策税制措置に対する評価と制度改編に際しての議論の実態等を記述したものである。本書が租税法や関連分野の研究者のみならず、さまざまな実務に携わる方々にも幅広く活用されることを期待するものである。

今に生きる日本の住まいの知恵
〜わが国の気候・風土・文化に根ざした現代に相応しい住まいづくりに向けて〜 （No.11816）

日本の住まいの知恵に関する検討調査委員会著
A4判 カラー50頁 定価［本体850円＋税］ 送料別

　わが国の伝統的な木造住宅は、軸組構法を基本とし、和室(畳)、真壁、襖・障子、土壁など、わが国の気候・風土・文化に根ざした技術・仕様が盛り込まれ、夏涼しく冬暖かい省エネ型住宅として現代でも再評価されるべき面がある。一方で、現代の住宅の仕様は、居室の洋室化や構造の非木造化などが進行し、従来の伝統的な技術等の継承が課題となっている。本書は、わが国の伝統的な木造住宅の技術等を取り入れつつ、現代のニーズや志向にマッチした新しい木造住宅等の形やその住まい方について提案し、住宅生産に関わる者やエンドユーザーの参考に供するものである。